파란클래식 25

조선의 바다를 품은 해양 생물 백과사전

자산어보

조선의 바다를 품은 해양 생물 백과사전
자산어보

초판 1쇄 발행 2018년 8월 20일 **초판 2쇄 발행** 2020년 8월 1일
원작 정약전 **글쓴이** 손주현 **그린이** 김주리
펴낸이 이영선
책임편집 김문정
편집 김선정 김문정 김종훈 이민재 김영아 김연수 이현정 차소영 **디자인** 김회량 이보아
독자본부 김일신 김진규 정혜영 박정래 손미경 김동욱
펴낸곳 파란자전거 **출판등록** 1999년 9월 17일(제406-2005-000048호)
주소 경기도 파주시 광인사길 217(파주출판도시) **전화** (031)955-7470 **팩스** (031)955-7469
홈페이지 www.paja.co.kr **이메일** booksea21@hanmail.net

ⓒ 파란자전거·손주현, 2018
ISBN 979-11-88609-15-4 73490

* 사진을 제공해 주시고 게재를 허락해 주신 분들께 감사드립니다.
* 일부 저작권을 찾지 못한 사진은 확인되는 대로 정해진 절차에 따라 사용료를 지불하겠습니다.

이 도서의 국립중앙도서관 출판예정도서목록(CIP)은 서지정보유통지원시스템 홈페이지(http://seoji.nl.go.kr)와 국가자료공동목록시스템(http://www.nl.go.kr/kolisnet)에서 이용하실 수 있습니다.(CIP제어번호: CIP2018023871)

파란자전거는 도서출판 서해문집의 어린이 책 브랜드입니다. 페달을 밟아야 똑바로 나아가는 자전거처럼 파란자전거는 어린이와 청소년이 혼자 힘으로도 바르게 설 수 있도록 도와줍니다.

어린이제품안전특별법에 의한 제품 표시
제조자명 파란자전거 **제조년월** 2020년 7월 **제조국** 대한민국 **사용연령** 만 10세 이상 어린이 제품

파란클래식 25

조선의 바다를 품은 해양 생물 백과사전

자산어보

정약전 원작 | 손주현 글 | 김주리 그림

파란자전거

글쓴이의 말

우리 바다의 어제와 오늘을 품어 보자!
신기한 조선의 바닷속 탐험《자산어보》

책을 읽기 전

"어보? 물고기 사전이라니 대체 그런 걸 누가 봐?" 이런 말을 했을 거야, 그렇지 않니? 더구나 《자산어보》는 1800년대 초 해양 생물에 관한 정보 사전이야. 요즘 나오는 물고기 책도 잘 안 보는데 조선 시대의 사전이라니…….

그런데 말이야, 해양 생물 박사도 아니고 공자 왈 맹자 왈 유교 경전을 공부한 선비가 쓴 물고기 책이 알고 보면 얼마나 재미있는지 알아? 듣고도 믿기 어려운 전설의 물고기 이야기가 있는가 하면 할머니도 알려 주지 못할 기발한 물고기 사용법도 있고, 물고기를 이용한 현명한 가르침도 책 여기저기에서 튀어나와.

무슨 얘기냐 하면, 옛날 사람들은 호랑이가 변신해 상어가 되었다고 생각했대. 중국 사람들은 우리나라의 넙치가 눈 하나에 몸통이 세로로 반만 있는 반쪽이라 두 마리가 합쳐 한 마리가 되어 다닌다고 생각했다지. 또 신라 사람들은 물속에 비단을 짜는 인어가 있다고도 생각했대. 해부학이란 학문이 있지도 않은 때였는데 물고기의 배 속 모양을 설명하고, 다양한 물고기들을 언제 어디서 잡으면 좋을지도 알려 주지. '조선 시대에 어부들은 이렇게 했구나. 지금은 찾아보기 힘든 물고기들이 그때는 많았구나.' 하는 것들도 알 수 있어. 물고기에 관심이 없는 친구라도 상어에 대한 설명을 보면 생물 분류가 제대로 되어 있지 않았던 시대인데도 참 잘 알고 있구나 하고 생각할 거야. 이뿐만 아니야. 물고기로 뱀을 쫓는 법, 물고기로 불 켜는 초를 만드는 법, 각종 병을 치료하는 법도 있어서 우리 조상들이 자연물인 물고기나 해초를 실생활에서 어떻게 활용했는지 엿볼 수 있어.

이런 재미를 느끼며 한 장 한 장 책장을 다 넘기고 나면 물속과 물 위에서 한바탕 신나게 첨벙거리다 물고기 한 바구니를 얻어 나오는 기분이 들 거야. 언젠가 책에서 본 물고기를 실제로 대할 일이 생기면 앞장서서 설명할 거리들도 한가득 있을 테고.

일단 책장을 폈다면

더 큰 재미와 많은 이야깃거리를 얻는 비법이 따로 있어. 물고기를 좋아하는 친구들이라면 그때에는 알 수 없었지만 현대에 와서 새롭게 밝혀진 사실에는 어떤 것들이 있는지 찾으며 읽어 보도록 해. 또 그때는 많았지만 지금은 잡히지 않는 바다 생물은 무엇인지 알아볼 수도 있겠지. 그러면 우리 바다의 옛날과 오늘날을 모두 품게 되는 거야.

　물고기를 좋아하지 않는 친구들도 있을 거야. 도대체 우리나라 최초의 물고기 백과사전이 나와 무슨 상관이 있냐고 생각하는 친구들 말이야. 그렇다면 옛사람들은 다양한 바다 생물을 어떻게 다루었는지, 어떻게 생각했는지 살펴보며 읽어 봐. 그러다 보면 물고기 하나를 주제로 신화와 옛이야기, 역사, 과학 등 다양한 이야기가 눈앞에 펼쳐지는 경험을 하게 될 거야.

책을 다 읽었다면

수족관 같은 곳에 가 보길 권해. 그곳에 가서 조선 시대의 실학자의 눈으로 물고기를 바라봐. 다양한 바다 생물의 이름, 쓰임새도 알아보고 어떻게 분류되는지도 살펴봐야 해. 그러면 예전과 다른 것이 보일 거야. 특히 수족관에서 가장 인기가 많은 동물, 반들반들한 몸에 사람 같은 표정을 짓고 있는 '상괭이'를 볼 때면, '이 모습에 옛날 사람들이 상괭이를 인어라고 착각했구나.' 하는 생각도 들 거야. 그러고는 또 이렇게 옛 바다를 떠올리게 하는 다른 물고기는 없는지 찾아보게 되겠지. 그러다 '옛날 바다에는 물고기 종류도 많고 재미난 이야기도 많았는데, 지금의 우리 바다는 왜 이렇게 메말라 갈까?' 하는 생각으로 이어질지도 몰라. 그렇게 된다면 그 옛날 바다 생물을 연구하고 정리해서 사람들에게 도움이 되고자 했던 정약전 선생의 수고가 빛을 발하는 거지.

자, 이제 같이 조선 시대의 바다로 여행을 떠나 볼까?

2018년 여름

손주현

차례

글쓴이의 말
신기한 조선의 바닷속 탐험《자산어보》 4

제1부 《자산어보》를 읽기 전에 꼭 알아야 할 다섯 가지
    1. 조선 후기 사회의 변화   12
    2. 조선의 실학과 실학자   26
    3. 실학자 손암 정약전   38
    4. 정약전과 흑산도 사람들   52
    5.《자산어보》를 쓴 이유와 그 구성   62

제2부 조선 최고의 해양 생물 보고서 《자산어보》

서문　76

1권 비늘이 있는 어류　78

석수어/ 치어/ 노어/ 강항어/ 시어/ 벽문어/ 청어/ 사어
검어/ 접어/ 소구어/ 도어/ 망어/ 청익어/ 비어/ 이어
전어/ 편어/ 추어/ 대두어

2권 비늘이 없는 어류와 껍데기가 있는 바다 생물들　113

비늘이 없는 어류　113

분어/ 해만리/ 해점어/ 돈어/ 오적어/ 장어/ 해돈어
인어/ 사방어/ 우어/ 회잔어/ 침어/ 천족섬/ 해타
경어/ 해하/ 해삼/ 굴명충

껍데기가 있는 바다 생물들　146

해귀/ 해/ 복/ 합/ 감/ 정/ 담채/ 호/ 라/ 율구합/ 귀배충/ 풍엽어

3권 기타 여러 가지 바다 생물들　166

해충/ 해금/ 해수/ 해초

연보　176

제 1 부

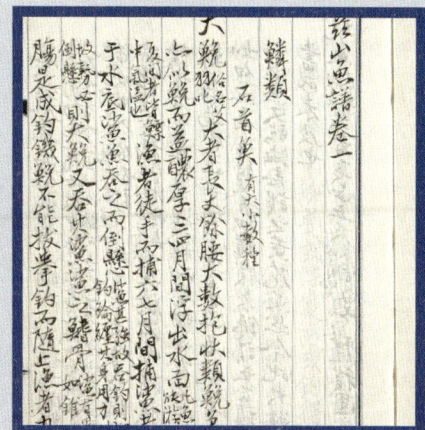

《자산어보》를 읽기 전에 꼭 알아야 할 다섯 가지

1. 조선 후기 사회의 변화

임진왜란과 병자호란 이후

1592년 4월, 조선에 큰일이 일어났습니다. 일본군의 배가 부산 앞바다를 새까맣게 뒤덮더니 며칠 만에 임금이 사는 한양(한성)까지 치고 올라왔습니다. 임진왜란이 일어난 거예요. 7년 동안이나 계속된 긴 전쟁이었고, 당시 전 세계 어디에서도 유례가 없던 규모가 큰 전쟁이었습니다. 이뿐이면 그나마 다행이었을 텐데 큰일이 또 벌어집니다. 엄청난 전쟁의 피해를 회복할 틈도 없이 1627년, 이번에는 북쪽에서 후금의 군사가 밀고 내려왔어요. 이후 후금은 나라이름을 청으로 고치고 세력을 더욱 키운 뒤 1636년 또다시 쳐들어왔는데, 이 두 전쟁을 정묘호란과 병자호란이라고 부릅니다. 병자

〈임진전란도〉_규장각한국학연구원 소장
임진왜란 중 부산전(위쪽)과 다대포전(아래쪽)의 전투 장면을 그린 그림입니다. 왜병을 크게 그리고 조선 병사를 작게 그려서 조선의 군사력이 약함을 나타냈습니다.

호란으로 수많은 조선의 백성이 죽거나 다치고 포로로 잡혀갔습니다. 임진왜란의 충격이 가시지도 않았는데 정묘호란과 병자호란의 상처까지 겹쳐 조선은 큰 혼돈에 빠졌지요.

시간이 흐르면서 우리 조상들은 전쟁의 상처를 극복해 나갔어요. 더불어 많은 변화도 겪어야 했지요. 예전에 중요하게 여겼던 것들에 대한 생각이 흔들리고, 나라를 다스리는 방식이나 경제가 돌아가는 상황 등 많은 것이 달라졌습니다. 어떻게 바뀌었는지 하나씩 살펴보도록 할까요?

먼저 절대 바뀌지 않을 것 같던 신분제에 변화가 일어났습니다. 조선은 양반과 상민, 천민으로 철저하게 나뉜 사회였습니다. 양반은 상민과 천민들 위에서 군림하고 그것이 당연하다고 생각했어요. 그런데 큰 전쟁들을 거치며 사정이 바뀌었습니다.

오랫동안 노비로 살아오던 사람들 중 일부는 혼란을 틈타 도망을 치고 노비 문서를 불태우기도 했습니다. 또 위험한 전투에 참여한 노비들은 노비 신분에서 해방될 기회를 얻기도 했지요. 전쟁 중에 공을 세운 상민과 천민은 공명첩*이라는 증서를 받아 양반이 되기도 했습니다. 덕분에 노비에서 상민으로, 상민에서 양반으로 신분이 바뀐 사람들이 많았어요. 이렇게 일단 신분의 벽이 낮아지니 넘기가 점점 더 쉬워졌어요. 나중에는 농사나 장사로 부자가 된 상민이 엄청난 곡식을 나라에 바치고 공명첩을 얻는 일도 생겨났습니다.

　반대로 양반 중 관리를 배출하는 데 실패한 집안은 잔반이라고 불리며 권력을 잃고 뒤로 물러앉았어요. 이런 사람들은 재산이 많지 않아 스스로 일을 해서 먹고살아야 하는 경우가 많았지요. 이제 양반이라고 다 잘사는 것이 아니고 상민이나 천민이라고 다 가난한 것도 아니게 되었습니다. 그러자 사람들은 위아래 질서를 무

공명첩
조선 시대 임진왜란 중에 생긴 것으로 이름을 적지 않은 백지 임명장입니다. 전쟁에서 공을 세우거나 나라에 곡식을 바친 사람들에게 그 대가로 주어졌습니다. 관직 임명장인 공명고신첩, 군대를 가거나 나라에서 하는 공사에 참여해야 하는 의무인 공역을 면제해 주는 공명면역첩, 천민이 상민이 되는 것을 인정하는 공명면천첩 등이 있었습니다.

남한산성 동문_ⓒ 메탈
인조는 병자호란 때 청나라의 공격을 피해 남한산성으로 피란을 갔습니다. 이곳에서 45일을 항전했으나 결국 성문을 열고 항복할 수밖에 없었지요. 인조는 상복을 입고 청 태종이 있는 삼전도(지금의 송파)로 가서 머리를 조아리는 굴욕을 당했습니다. 이 사건을 삼전도의 굴욕이라고 합니다.

《단원풍속도첩》 중 〈자리 짜기〉
_국립중앙박물관 소장

김홍도의 《단원풍속도첩》 속 그림 25편에는 조선 후기를 배경으로 한 다양한 인물들의 삶의 모습이 생생하게 담겨 있습니다. 〈자리 짜기〉는 사방관을 쓴 양반이 자리를 짜는 모습을 그린 것입니다. 양반은 대부분 육체적 노동을 꺼렸지만, 조선 후기 들어 사회가 변화하고 경제적 능력이 없는 양반이 많이 나오면서 일하는 양반도 생겼습니다.

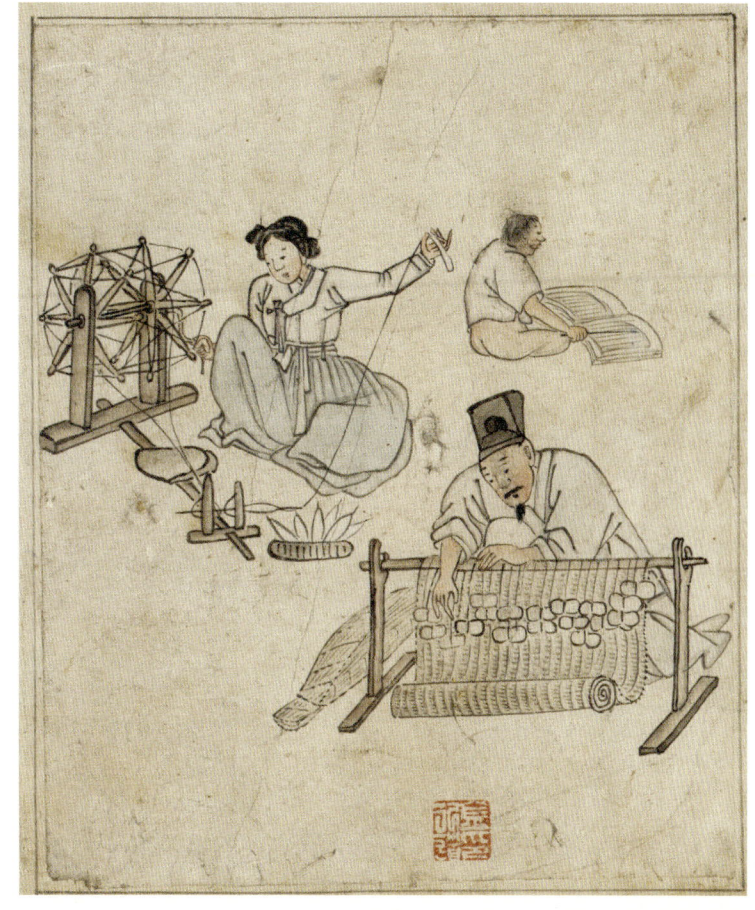

엇보다 중요하게 여기고 인간의 도리만 따지던 예전의 관습에 의심을 품게 되었어요. 내 손에 쌀 한 톨 생기지 않는 질서나 도리 따위가 무슨 소용이 있을까 의심하게 된 것이지요.

전쟁이 휩쓸고 간 뒤 조선 땅은 황폐해져 농사지을 땅이 부족하고, 땅에 심을 씨앗조차 제대로 없었습니다. 죽거나 다치고 끌려간 사람들이 많아 일할 사람도 부족했고요. 모두가 굶어 죽을 지경이었지요. 하지만 조선 사람들은 빠르게 고난을 털고 일어났습니다. 못쓰게 된 땅은 다시 비옥한 농토로 가꾸고, 농사 기술도 발전시켜 노력만 하면 같은 땅에서 훨씬 많은 농산물을 거둘 수 있게 되었습니다. 또 인삼, 담배와 같이 비싼 값으로 팔 수 있는 농산물을 키우는 사람들이 많아지면서 큰 부자가 된 농부들이 생겨났습니다.

상업과 경제에도 변화가 생겼습니다. 전쟁을 겪고 나서 물자가 부족해지자 일일이 스스로 만들어 쓰던 자급자족에서 벗어나 서로 물건을 사고파는 상업이 활발해졌어요. 농업만이 전부라고 생각했던 예전과는 사뭇 달라졌지요. 한양에는 나라에서 정한 시장 말고도 다른 시장이 더 생겨났고 많은 사람들이 모여들어 언제든 물건을 사고팔았습니다. 보부상*은 물건을 지고 전국을 돌며 장사를 했고, 지방의 마을에서는 이들이 벌이는 정기적인 장시*가 열렸습니다. 수완과 배짱이 좋은 장사꾼들은 큰 성공을 거두었고, 양반은 아니지만 떵떵거리며 사는 부자 상인도 생겨났습니다.

이렇게 잘사는 사람들이 생겨난 반면 여전히 가난한 사람도 있었습니다. 땅이 없어 빌려서 농사를 짓거나 품을 팔아 먹고사는

보부상
봇짐장수와 등짐장수를 통틀어 이르는 말입니다. 삼국 시대 이전에도 있었으나 조선 시대부터 활발하게 활동했습니다. 나라가 위급할 때는 식량을 조달하는 일도 했습니다.

장시
조선 후기에 상업이 발달하면서 전국 곳곳에서 열린 정기 시장으로 오일장이 가장 많았습니다. 물건을 가지고 다니면서 파는 보부상, 상인을 상대해 물건을 보관하거나 거래를 연결해 주는 객주, 곡식의 양을 측정해 주고 대가를 받는 감고 등 여러 종류의 상인들이 활동했습니다.

농부들은 여전히 가난했지요. 더군다나 농사 기술이 발달하면서 예전에는 열 명이 필요하던 농사일이 두 명만 있어도 충분히 해결되어 일자리를 잃는 사람도 늘어났습니다. 일거리가 없는 사람들은 도시로 옮겨 갔고 품팔이를 하며 살아야 했습니다. 상업이 발달하자 물건을 만드는 제조업도 번창했어요. 그러나 커다란 공장을 가지고 있는 주인이나 잘살았지 거기에 고용되어 물건을 만드는 사람들은 늘 가난했어요. 결국 잘사는 사람은 더 잘살고 못사는 사람은 더 못살게 되었습니다. 그러자 이런 문제를 해결할 방법은 없을까 고민하는 사람들이 생겼습니다.

성리학의 한계를 발견하다

조선은 성리학을 통치 원리로 삼았습니다. 성리학은 사람들의 성품은 어떠하며 우주가 돌아가는 원리는 무엇인지 탐구하는 학문입니다. 성리학에서 말하는 가장 중요한 진리, 모두가 따라야 할 원칙은 '~답게'입니다. 임금은 임금답게, 신하는 신하답게, 주인은 주인답게, 노비는 노비답게 행동하며, 백성은 임금에게, 노비는 주인에게, 아들은 아버지에게 절대적으로 복종해야 한다고 강조하지요. 하지만 이런 태도는 어떻게 하면 세상의 문제들을 해결하고 더 잘살지 고민하는 것과는 거리가 멀었습니다.

〈발인반차도〉_규장각한국학연구원 소장

1659년 효종의 장례를 치르는 국장 과정을 기록한 《효종국장도감의궤》 중 〈발인반차도〉의 일부입니다. 의궤는 나라에서 큰일을 치를 때 후세에 참고하기 위하여 그 일의 처음부터 끝까지의 과정을 자세하게 적은 책으로, 의궤에 수록되어 있는 그림을 의궤도라고 합니다.

성리학이 얼마나 현실과 동떨어져 있었는지 보여 주는 예가 있습니다. 효종은 형인 소현세자가 죽자 대신 세자가 되었고 인조가 죽자 왕위에 올랐습니다. 그런데 효종이 죽자 효종이 큰아들인지 아닌지가 문제가 되었어요. 당시 효종보다 나이가 어린 어머니 조대비가 살아 있었는데, 이 조대비가 상복을 입는 기간과 효종이 큰아들인지 아닌지가 연관되어 있었기 때문이지요. 이를 두고 조정의 신하들은 만 일 년인지, 만 이 년인지 파를 나누어 격렬하게 논쟁했습니다. 이것을 '예송 논쟁'이라고 부르는데, 결국 만 이 년을 주장한 파가 이겨서 반대파를 조정에서 몰아냈어요.

아는 것이 힘!
성리학을 집대성한 주자

성리학의 '성리'란, 사람의 품성을 말하는 '인성'과 사람이 지켜야 할 도리인 '의리'를 뜻합니다. 따라서 성리학이란 우주 만물 속에서 인간의 심성과 도리를 밝혀내는 학문이라고 할 수 있습니다. 송나라의 주자가 집대성했다고 해서 성리학을 주자학이라고도 합니다.

주자는 주희를 높여 부르는 말입니다. 그는 우주와 하늘이 따로 있어서 그것을 따라야 한다는 이전의 유교 사상을 뒤집어 우주가 곧 사람이니 사람이 어떻게 하는가에 따라 세상이 달라질 수 있다는 주장을 펼쳤습니다.

성리학은 이전의 공자와 맹자의 유학을 새롭게 발전시켜 말로만 도덕이니 의리를 주장하지 않고 어떻게 실천할지 고민했으므로 기존의 유학보다 한층 발전한 사상이라고 할 수 있습니다. 성리학에서는 세상이 '이(理, 우주의 본체)'와 '기(氣, 현상)'라는 것으로 이루어져 있고, 모든 우주 만물은 서로 다르고 나아가 등급도 다르다고 주장합니다. 그러니 사람도 등급이 있어서 각 등급에 맞게 질서를 지키는 것이 중요하다고 강조했지요. 이런 생각이 고려 시대 문신 안향(1243년~1306년)에 의해 도입

주자(1130년~1200년)_충남 공주시 소재, 문화재청 제공

되었고, 이후 조선을 건국한 사대부들에 의해 숭상해야 할 학문으로 받아들여졌습니다.

특히 조선 사대부가 숭상하는 성리학의 핵심은 왕도 정치와 성리학적 질서입니다. 왕도 정치란 왕이 백성을 위해 덕으로 나라를 다스려야 한다는 것이고, 성리학적 질서는 우주의 섭리에 따라 위아래의 구분에 따라 질서를 지켜 본분을 다하는 것을 말합니다. 이 이념은 조선 초기에 국가의 틀을 잡고 백성의 생활이 안정되게 하는 데 큰 역할을 했지만 조선 후기로 갈수록 예의와 명분만 강조되어 현실과 맞지 않다는 비판을 받게 됩니다.

이렇게 양반은 조상에 대한 도리, 예법 등에만 얽매여 자신의 주장이 옳다는 것을 기어이 인정하게 만드는 데만 관심이 있을 뿐 백성의 생활에는 신경을 쓰지 않았습니다. 날이 갈수록 땅은 가진 사람에게만 더 몰리고, 세금 제도는 엉망이 되어 가난한 사람에게 더 걷는 불합리한 일이 일어나고 있는데도, 그런 문제들을 해결할 의지도 방법도 없었던 셈이지요. 세상은 바뀌었는데 위아래 질서만 외치는 성리학은 이제 조선의 통치 원리로서 한계를 드러내고 맙니다.

서양 문물을 받아들인 소현세자

큰 전쟁을 겪은 후 멀리 서쪽에서도 성리학의 이념을 흔드는 새로운 바람이 불어왔습니다. 서양인들은 그동안 새로운 땅과 항로를 개척하고자 항해를 꾸준히 시도했고, 그 결과 동아시아 구석구석까지 들어오게 되었습니다. 특히 중국 명나라, 청나라에는 프랑스와 독일 등에서 신부들이 들어와 천주교를 전파하고 서양의 과학 기술과 문물을 소개했습니다.

이탈리아의 선교사 마테오 리치(1552년~1610년)는 명나라에 자명종과 천리경 등의 기구를 들여오고, 천문학과 수학을 전했습니다. 〈곤여만국전도〉*라는 세계 지도를 만들어 중국과 조선에 세

〈곤여만국전도〉
1602년 이탈리아의 선교사 마테오 리치가 중국에서 제작한 지도로 한반도와 제주도가 기록되어 있습니다. 세계 지도상에 조선이라는 나라가 아시아의 반도에 위치하고 있고 그 남쪽에 제주라는 섬이 있음을 정확히 밝힌 최초의 지도입니다.

아담 샬(1591년~1666년)
독일 출신의 예수회 선교사입니다. 1622년 중국으로 건너가 선교, 학문 활동을 했습니다. 소현세자와 사귀면서 서양의 지식과 기독교 교리를 전해 주었습니다.

볼모
약속을 어길 것에 대비해 강제로 상대편에 잡혀 있는 사람을 뜻합니다.

상이 어떤 모양인지 알리고, 중국이 세계의 중심이라고 믿었던 사람들에게 그 생각이 옳은지 돌아보게 했지요. 독일 선교사 아담 샬은 흠천관이라는 이름의 청나라 천문대에서 최고 책임자를 맡아 일하면서 여러 서양 학문과 과학 기술을 전파했습니다.

병자호란 때 볼모*로 끌려간 소현세자는 청에서 생활을 하면서 서양과 청나라를 오랑캐라고 무시한 일이 잘못되었음을 깨달았습니다. 그리고 아담 샬 신부와 교류하면서 여러 서양 문물을 보고 배웠지요. 소현세자는 오랑캐라고 무조건 고개를 돌릴 것이 아니라 앞선 기술은 받아들여야 조선도 잘살 수 있다고 믿었어요. 그래서 조선으로 돌아올 때 지구본이나 과학 기술 관련 책들도 가지고 들어왔지요. 하지만 인조는 이것을 못마땅하게 여겼고, 소현세자는 무슨 일인지 조선으로 돌아와 얼마 안 되어 병으로 죽고 말았어요. 결국 소현세자의 실용주의적인 생각은 묻히고 조선은 다시 청나라와 서양 문물을 멀리했습니다. 하지만 이미 들여온 자명종과 천리경 같은 과학적으로 앞선 물건들과 수학, 천문학 등의 학문은 조선 사람들이 실제로 삶을 편리하게 해 주는 기술, 잘사는 방법에 대해 관심을 갖도록 해 주었습니다.

소경원_한국학중앙연구원 제공
경기도 고양시 덕양구 원당동에 있는 소현세자의 묘입니다.

서학과 실학

천주교 신부들이 청에 들여온 서양의 학문과 과학 기술은 조선까지 넘어왔습니다. 그러면서 천주교라는 종교 역시 함께 들어왔지요. 조선에서는 천주교를 서양의 문화 중 하나로 여기면서 서양 문물, 학문과 함께 서학이라고 불렀고, 나중에 천주교도를 '서학쟁이'라고 부르며 천시했습니다.

천주교 교리는 하느님 이외에는 어떤 신도 믿어서는 안 된다고 합니다. 다른 믿음은 모두 미신이며, 죽은 조상도 귀신이므로 섬겨서는 안 되지요. 그러니 조상을 섬기는 일이 가장 중요한 성리

《천주실의》
_가톨릭대학교 전례박물관 소장
이탈리아 출신 예수회 선교사 마테오 리치가 1603년에 지은 《천주실의》의 한자 번역본입니다. 서양인 학자와 중국인 학자의 대화와 문답 형식으로 엮어진 교리서로 조선에 전래되어 천주교 신앙의 탄생에 큰 영향을 끼쳤습니다. 이벽, 권철신, 정약종, 정약전, 정약용, 이승훈 등이 조선천주교회를 세우는 데에도 결정적인 영향을 준 책입니다.

학과는 부딪칠 수밖에 없었습니다. 또 천주교에서는 모든 사람이 다 똑같다고 합니다. 누가 더 높고 더 낮은 서열이 있는 게 아니라 모두가 평등하다고 했지요. 이 역시 위아래 신분 질서가 무엇보다 중요한 조선의 양반에게는 큰일 날 소리였습니다.

그래서 조선은 서학 중에서 천주교를 금지했습니다. 천주교를 들여오고 함부로 전파하는 사람은 사형과 같은 큰 벌로 다스렸습니다. 하지만 엄청난 탄압에도 불구하고 천주교는 퍼져 나갔습니다. 서학이라는 학문을 종교로 받아들인 일부 학자, 돈을 버는 것은 떳떳한 일이며 누구나 평등하다는 사상에 매료된 상인과 여성들 사이에 암암리에 퍼지게 되었지요.

처음 서양 문물에 관심을 보인 학자들 중에도 천주교도가 많았습니다. 청나라에 갔다가 세례를 받고 서양 문물을 들여온 사람들도 있을 정도였으니까요. 이들은 눈에 보이지도 않는 예의범절, 신분 질서 그리고 온갖 명분이 그렇게 중요한지 의심을 품게 됩니다. 그것들 때문에 조선 사회의 문제가 갈수록 깊어지고 해결되지 않는 상황을 깨달았지요. 이런 생각과 반성이 현실의 문제를 해결해 줄 새로운 학문을 찾게 했고, 그 결과로 나온 것이 바로 실학입니다.

천주교, 조선에서 어떻게 정착했을까?

조선 조정은 천주교를 임금도, 부모도 몰라보는 사악한 종교라고 결론짓고 천주교를 믿는 사람들을 모두 인간의 기본 도리를 위반한 죄로 다스렸습니다. 가뜩이나 서양 오랑캐의 것이라 못마땅한데, 신분 질서를 부정하고 윗사람과 아랫사람이 평등하다고까지 하니 천하의 못된 범죄라고 보았지요. 천주교 신자로 발각되면 제주도 같은 먼 곳으로 유배를 가거나, 가족 모두를 죽이는 일도 많았습니다.

1801년 천주교도였던 황사영은 중국인 신부 주문모를 돕다가 쫓기게 되는데, 도중에 중국 천주교 교구에 편지를 씁니다. 조선에서 천주교가 박해당하는 상황을 자세히 적고 어떻게 하면 교세를 더욱 확장할 수 있을지 그 방법도 적었지요. 그리고 상황이 여의치 않으면 군사를 보내 달라고까지 했습니다. 하지만 이 편지는 전달 도중에 들키고 그것을 본 조선 조정은 깜짝 놀랍니다. 결국 황사영은 붙잡혀 처형을 당하지요. 하얀 비단에 쓴 편지라고 해서 '황사영 백서 사건'이라고 불리는 이 일로 많은 관련자가 처형되거나 유배되고, 이후 천주교에 대한 박해는 더욱 심해집니다. 결국 양반이나 학자 들 중에는 천주교를 포기하는 사람이 많아졌고, 주로 가난한 서민이 숨어서 믿게 되었지요. 그들은 큰 마을을 떠나 산간벽지로 숨어들어 마을을 이루고 살기도 했습니다. 나라에서 아무리 막아도 서민들 사이에 퍼지는 천주교를 막기는 무리였습니다. 극심한 박해를 받으며 1만 명이 넘는 순교자를 냈음에도 불구하고 천주교는 점점 퍼져 나갔고, 결국 1886년 조선에서 종교로 공식 인정을 받게 됩니다.

황사영의 백서 중 일부_로마 교황청 민속박물관 소장, 서울역사박물관 제공.

2. 조선의 실학과 실학자

성리학의 한계를 지적한 실학의 등장과 그 기본 정신

큰 전쟁들을 겪으면서 바뀐 사회 분위기 속에서 학문에도 새로운 바람이 불었습니다. 백성은 굶주려서 쓰러져 가는데 양반은 예의범절이나 따지고 도리가 최고라고 하니 이게 무슨 소용인가 하는 생각이 들었겠지요. 그러면서 입에 밥 한 톨도 넣어 주지 않는 학문에 회의를 느끼고 잘못된 제도와 규칙을 바꿔 백성의 삶에 도움이 되는 방법을 연구하는 학자들이 나타나기 시작했습니다. 바로 실생활에 도움이 되는 학문을 연구한 실학자입니다.

실학은 17세기 이수광과 유형원 등이 조선 사회의 문제점을 지적하고 개선 방안을 고민하면서 등장했습니다. 이수광은 사신으

《**지봉유설**》_실학박물관 소장
1614년 간행된 책으로 우리나라 최초의 백과사전으로 불립니다. 모두 20권 10책으로 구성되어 있으며 외국 문물을 소개하고 있습니다. 천문, 지리, 풍속, 역사, 병정, 관직 등 25개 분야 3,435항목을 고서에서 뽑아 풀이했습니다.

《**반계수록**》_규장각한국학연구원 소장
반계 유형원이 벼슬을 그만두고 20년 동안 연구하여 쓴 책입니다. 1770년에 간행된 책으로 모두 26권 13책으로 구성되어 있으며, 조선의 여러 제도에 관하여 살피고 토지 개혁안, 각종 제도 개혁 방안 등을 써 놓았습니다. 조선의 사회, 경제, 토지 제도 등을 연구하는 데 귀중한 자료입니다.

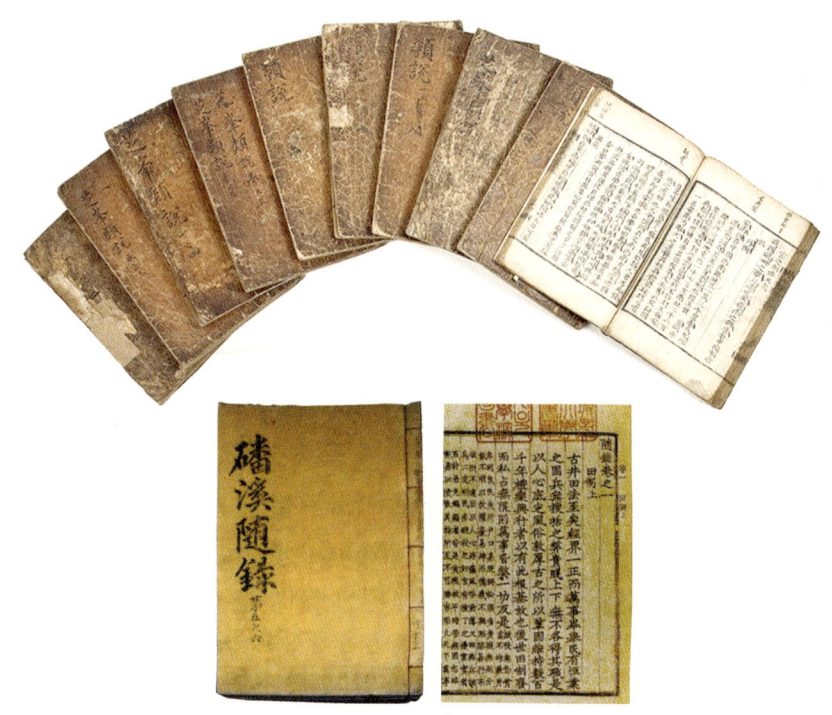

로 중국에 세 번이나 다녀온 후 그곳에서 접한 영국과 프랑스의 문화에 충격을 받았습니다. 그리고 동남아시아의 상황과 중국의 현실에 대해서도 알게 되었지요. 이수광은 그 내용을 우리나라 최초의 백과사전이라고 불리는 《지봉유설》이란 책에 소개했습니다. 조선의 학자들은 이 책을 통해 새로운 사실을 알고 놀라움을 금치 못했어요. 기술이나 과학은 천박하다는 생각에 사로잡혀 있다가 실제 생활에 도움이 되는 것이 무엇인가에 대해 고민하게 되었지요. 서양 세력이 들어온 중국과 다른 아시아 나라들의 상황을 보고 조선의 현실에 대해서도 다시 생각하게 되었고요.

유형원도 이수광과 함께 실학의 문을 연 학자입니다. 유형원은 《반계수록》이라는 책을 써서 조선을 개혁할 수 있는 근본적인 방안들을 내놓았습니다. 주로 땅을 어떻게 나누고 세금 등의 제도를 어떻게 바꾸어야 하는지 의견을 펼쳤는데, 이런 선구적인 주장들은 18세기 실학자들에게 큰 영향을 끼치게 됩니다.

실학의 기본 정신은 크게 세 가지로 경세치용, 이용후생, 실사구시입니다. '경세치용'이란 학문이 세상을 다스리는 데 쓸모가 있어야 한다는 뜻입니다. '이용후생'은 여러 가지 유용한 것으로 나라를 잘살게 만들고 백성의 생활이 나아지게 해야 한다는 뜻이지요. '실사구시'는 정확한 사실에 근거하여 진리를 탐구하는 과학적이고 객관적인 태도를 말합니다. 실학자들은 이 기본 정신들 중 하나를 내세워 각자 독자적인 주장을 펴는데 이들을 각각 경세치용 학파, 이용후생 학파, 실사구시 학파로 불렀습니다.

경세치용 학파와 이용후생 학파

경세치용 학파는 권력에서 밀려나 농촌에서 생활하면서 농촌과 농민의 어려움을 직접 겪은 학자들이 중심을 이루었습니다. 대표

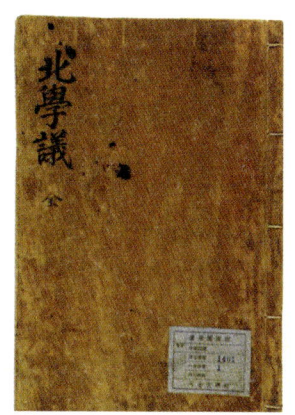

《북학의》_규장각한국학연구원 소장
박제가는 조선 후기 북학파 실학자입니다. 이서구, 유득공, 이덕무와 함께 시문 사대가의 한 사람이며 박지원의 제자입니다. 정조 2년(1778년)에 쓴 《북학의》는 청나라의 풍속과 제도를 직접 살펴본 뒤 자신의 의견을 덧붙인 책으로 실학사상을 연구하는 데 중요한 자료입니다.

적으로 유형원과 이익 등이 있습니다. 이들은 당시 사회의 문제를 지적하고, 이를 해결할 정치, 경제, 군사, 교육 등 각종 제도와 그 운영에 관한 구체적인 정책을 펼쳤습니다. 땅을 제대로 나누고, 세금 걷는 방식을 바꾸는 것 등이 주요 내용이지요. 이렇게 농토의 분배와 이용에 대한 이론을 주로 펼쳐서 중농학파라고 부르기도 합니다. 《성호사설》을 지은 이익이 대표적인 중농학파이며, 실학을 집대성한 정약용도 이 학파에 속합니다.

이용후생 학파는 사회 발전의 방법을 상업과 경제에서 찾았습니다. 이들은 외래의 앞선 문물과 기술을 도입하고 무역과 장사를 발전시켜 나라를 경제적으로 부강하게 만들고 그 이익을 모든 백성이 누릴 수 있게 하자고 주장했습니다. 이 이론은 주로 청나라를 오가며 그곳의 문물을 보고 들어온 관리 출신 학자들을 중심으로 전개되었습니다. 홍대용, 박지원, 박제가 등이 여기에 속하는데, 상업을 중시한다 하여 중상학파라고 부르기도 하고, 청의 문물과 생활 양식을 받아들이자고 주장해 '북학파'라고도 합니다. 박제가는 《북학의》를 통해 청나라를 오랑캐라고 무시할 것이 아니라 선진 문물을 배워야 한다고 주장했습니다. 박지원은 《열하일기》라는 청나라 여행기를 써서 청이 잘살게 된 요인과 청에 들어온 서양의 문물 등을 조선에 알렸습니다.

실사구시 학파

가장 나중에 등장한 실사구시 학파는 보이지도 않는 것들에 대해 토론하고 주장하는 것보다는 옛 책이나 유물 등을 통해 실제로 증명할 수 있는 이론만이 진리라고 생각했습니다.

눈으로 확인할 수 있는 것만이 진리라는 실사구시 학파의 생각은 잘 알지도 못하는 중국의 이론이나 중국의 언어, 역사 공부를 거부하고 우리 민족의 언어와 역사, 지리를 탐구하는 방향으로 나아갔습니다. 이렇게 우리 민족의 역사와 지리, 언어 등을 연구하는 학문을 국학이라고 합니다.

국학에서 가장 눈에 띄는 부문은 역사입니다. 안정복은 고조선에서 고려 말까지의 역사를 강목체*로 서술한 《동사강목》을 저술했습니다. 2천 년이 넘는 역사를 치밀하게 고증*하여 책을 씀으로써 고증 사학의 토대를 닦았지요. 또 이긍익은 기사본말체*로 조선 태조부터 현종까지의 중요한 역사적 사건을 객관적으로 정리한 《연려실기술》을 편찬했습니다. 유득공은 우리 역사책뿐만 아니라 중국 및 일본의 책도 참고하여 《발해고》를 편찬했습니다. 발해를 우리 민족의 역사로 받아들이고 기록한 최초의 발해 역사책입니다.

실사구시 학파는 우리 민족에 대한 관심과 더불어 실제로 백성의 생활에 도움이 되는 부분까지 연구 영역을 넓혔습니다. 바로

강목체
역사를 기록할 때 사실들을 연월일 차례로 쓰는 방식을 편년체라고 하는데, 편년체 서술의 한 방식 중 강과 목으로 기록하는 방식을 강목체라고 합니다. 중요한 사실에 대하여 먼저 그 개요를 큰 글씨로 쓴 부분을 '강', 그다음에 자세하게 설명한 부분을 '목'이라고 합니다.

고증
여러 유물이나 책을 자세히 살펴서 증거로 삼아 설명하는 것을 이릅니다.

기사본말체
역사를 사건별로 나누어 관련 내용끼리 모아서 서술하는 방식입니다. 어떤 일의 원인과 발단, 전개 과정, 그 일이 있은 후에 사회에 끼친 영향까지 일관되게 서술하기 때문에 사건을 체계적으로 기록할 수 있는 장점이 있습니다.

《대동여지도》_국립중앙박물관 소장 (왼쪽), 규장각한국학연구원 소장(오른쪽)
《대동여지도》는 1861년 김정호가 제작하고 목판으로 인쇄한 조선 전국 지도입니다. 우리나라 전체를 남북 120리(약 47km), 동서 80리(약 31km) 간격으로 구분해 22층으로 나누고, 각 층마다 동서 방향으로 지도를 수록했습니다. 각 층의 지도를 한 권의 책으로 묶어 접고 펼 수 있도록 만들어서 가지고 다니기 편하고, 보기 쉽게 제작했습니다. 이렇게 만든 22권의 책을 모두 펼쳐 연결하면 오른쪽과 같은 초대형 지도가 됩니다.

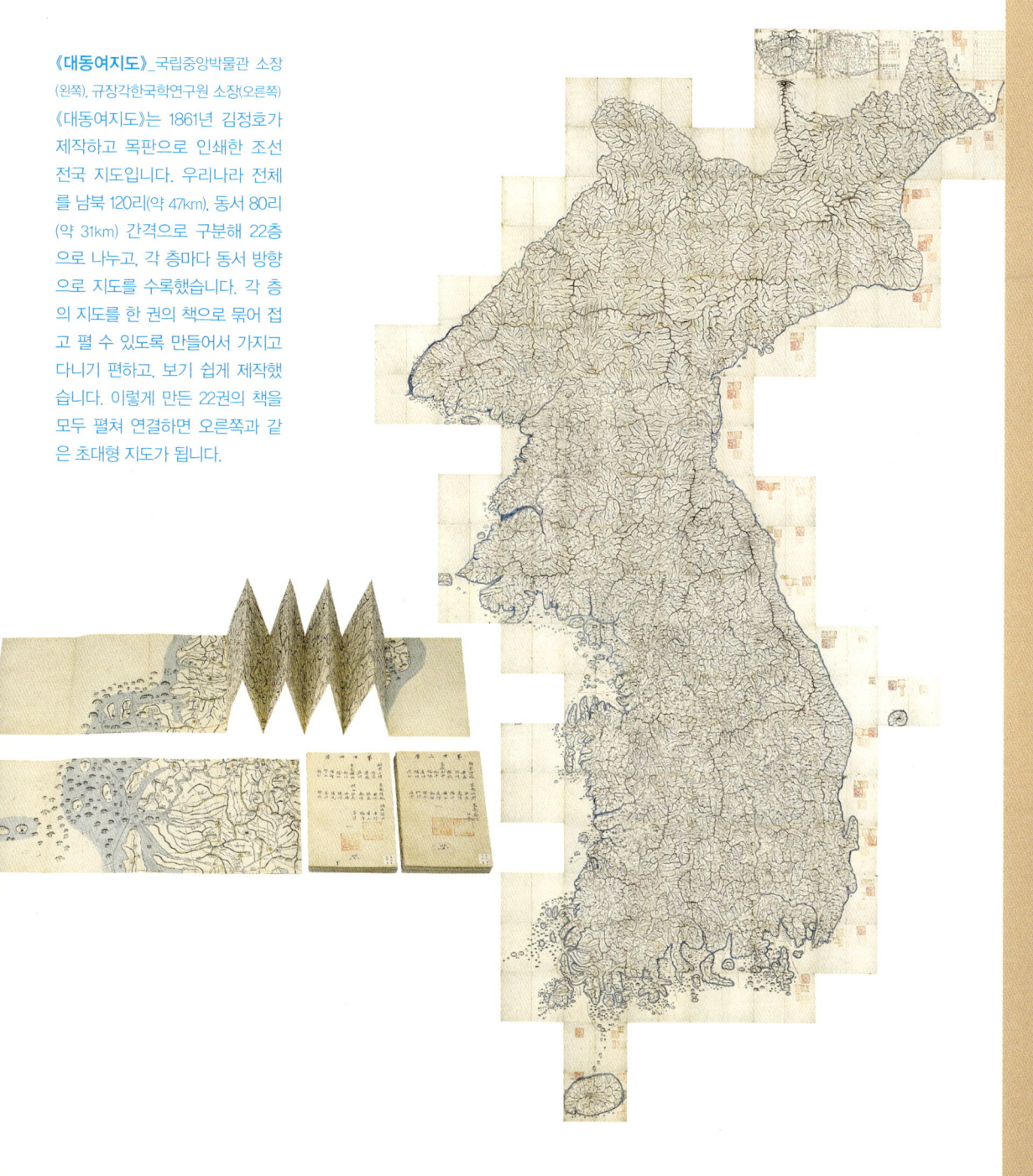

지도와 지리지 편찬입니다. 영조 때 이중환은 각 지방의 정치, 경제, 인물과 풍속, 자연환경, 전해 오는 옛이야기 등을 흥미롭게 정리해 《택리지》를 저술했습니다. 정상기는 최초로 백리척*을 사용해 정밀하고 과학적인 《동국지도》를 만들었습니다. 김정호는 정상기의 영향을 받아 산맥, 하천, 포구, 도로망 등의 표시가 더욱 정밀하고 10리마다 눈금을 넣은 《대동여지도》를 만들었습니다. 《대동여지도》는 목판으로 대량 인쇄를 해서 누구나 지도를 가질 수 있고 볼 수 있게 했습니다.

백리척
100리(약 39km)를 1척(약 30cm)으로 삼는 축척법입니다. 오늘날의 축척으로 계산하면 약 1 : 216,000 정도입니다. 정상기가 최초로 쓴 뒤 이후 조선의 지도에서 자주 사용되었으며 김정호의 《청구도》, 《대동여지도》에도 쓰였습니다.

조선의 백과사전들

실학의 실사구시 정신으로 각종 책이 실용적인 목적으로 편찬되었는데 그중에서도 가장 눈에 띄는 것이 백과사전입니다. 백과사전이란 학문, 예술, 문화, 과학 등 다양한 분야의 지식을 압축하여 일정한 방식으로 배열해 놓은 책을 말합니다. 어휘의 기원이나 뜻을 배열한 사전은 '말 사(辭)'를 써서 사전(辭典)이라고 하는 반면, 백과사전은 '일 사(事)'를 써서 사전(事典)이라고 합니다. 대다수가 농사를 지어 먹고살던 예전과 달리 인구도 늘고 직업도 다양해지면서 사회가 변했습니다. 새로운 물건도 많이 늘어나고 사건도 많이 생겼지요. 그러면서 현실에서 생기는 다양한 궁금증을 해결하

조선의 실용적인 백과사전

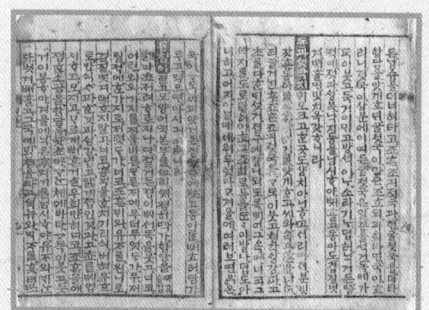

《규합총서》 중 김치에 대한 부분
규장각한국학연구원 소장

'규합'은 부녀자가 거처하는 방을 가리키는 말입니다. 여성이 알아야 할 가정 살림과 일반교양에 대해 정리해 놓은 책 《규합총서》는 주제별로 나누어 필사되거나 목판본으로 만들어져 널리 유통될 만큼 인기가 많았습니다.

《음식디미방》 _경북대학교 도서관 소장_
1670년경 조선 시대 안동 지역에서 살았던 장계향이 며느리와 딸들에게 전래 음식 조리법을 물려주기 위해 쓴 요리책입니다. '음식디미방'은 좋은 음식 맛을 내는 방법이라는 뜻입니다. 동아시아에서 최초로 여성이 쓴 요리책이며, 모두 한글로 표기되어 있습니다.

실학 정신과 더불어 실제 생활에 직접적인 도움이 되는 실용적인 백과사전도 등장했습니다. 《규합총서》는 말하자면 살림 백과사전입니다. 빙허각 이씨가 1809년에 쓴 책으로 음식과 술 만드는 법, 병을 다스리는 법, 바느질하는 법 등 실생활에서 꼭 필요한 정보가 자세하게 담겨 있습니다. 빙허각 이씨는 학식이 대단한 여성으로 남편을 통해 실학자 박제가나 정약용과도 의견을 주고받았습니다. 이 책에는 고추로 김치를 담그는 방법이 실려 있습니다. 조선 후기에 고추가 들어오면서 차츰 변화하는 김치의 모습도 볼 수 있지요. 이 책은 여성들이 보기 쉽도록 한글로 쓰여 있습니다.

정부인 안동 장씨, 장계향은 《음식디미방》이라는 요리 백과사전을 남겼습니다. 역시 여성이 볼 수 있도록 한글로 쓰였고, 다양한 요리를 집중적으로 다루고 있습니다. 이 책을 통해 당시 양반의 생활도 엿볼 수 있지요.

《규합총서》가 여성을 위한 살림살이 백과사전이라면 남자를 위한 살림살이 백과사전도 있습니다. 바로 서유구가 쓴 《임원경제지》입니다. 서유구가 《규합총서》를 쓴 빙허각 이씨의 시동생이라는 사실도 재미있습니다. 이 책에는 기본적인 농사법, 먹을 수 있는 다양한 식물과 과일, 옷감, 가축 기르기, 집 짓기 등 살면서 필요한 많은 지식이 실려 있습니다. 113권 52책에 이르니 어마어마한 양이 아닐 수 없습니다.

《동판수진일용방》이라는 독특한 백과사전도 있습니다. 가로 약 4센티미터, 세로 약 9센티미터 크기의 책에 깨알 같은 글씨로 조선 임금의 계보와 국가 기념일, 주요 관청과 관직의 이름, 의례에 쓰는 글의 양식 등이 실려 있습니다. 관청이나 사대문과 같은 주요 지점까지의 거리, 민간요법 등도 적혀 있어 가지고 다니면서 틈틈이 활용한 책으로 보입니다.

고, 수많은 지식을 더 잘 이용하기 위해 정리할 필요성이 생겼습니다. 그래서 탄생한 것이 바로 백과사전이지요.

실학의 선구자 이수광은 1614년 현실에서 필요한 수많은 지식들을 모아 《지봉유설》이라는 최초의 백과사전을 펴냅니다. 중국에 비해 예부터 전해 내려오는 지식에 대한 기록이 별로 없는 것을 안타깝게 여긴 이수광은 유용한 지식들을 후대에 전하기 위해 이 책을 기록한다고 밝혔습니다. 말 그대로 세상에 떠도는 많은 지식 중 여러 가지 보고 들은 것을 후손들에게 남기겠다는 뜻입니다. 이 책에는 천문, 지리, 경제, 생활 풍습 등 다양한 지식이 적혀 있는데 대부분 주관적인 생각은 빼고 옛 책에서 관련된 내용을 찾아 고증을 하면서 설명했습니다.

이후 1700년대에 본격적으로 실학이 발달하면서 백과사전 저술이 활발히 이어졌습니다. 대표적인 실학자 이익은 《성호사설》에서 사회 제도 개혁안부터 시문 비평에 이르기까지 다양한 지식을 이야기하며 그에 대한 평도 함께 달았습니다. 객관적 사실 외에 짧은 평만 실은 《지봉유설》과 달리 각 항목에 자신의 의견을 자세하게 달아 설명이 긴 것이 특징입니다. 그중 노비 제도가 얼마나 비인간적인지를 밝히면서 노비 매매를 금지해야 한다고 주장한 부분은 당시로서는 매우 파격적이라 할 수 있습니다.

실학자 중 대표적 이용후생 학파인 이덕무는 《청장관전서》를

성호 이익(1681년~1763년)과 《성호사설》_성호기념관 소장
이익은 조선 영조 때의 학자로 유형원의 학풍을 이어받아 실학의 대가가 되었으며 특히 천문, 지리, 의학, 경서, 역사 등에 업적을 남겼습니다. 벼슬에 나가지 않고 책을 쓰며 후진을 양성하는 데에 힘을 썼습니다.

남겼습니다. 이덕무는 닥치는 대로 책을 읽어 책만 읽는 바보라는 뜻의 '간서치'라고 불리던 인물입니다. 그 별명에 맞게 읽은 것들을 꾸준히 기록해 모아 두었는데 그 아들이 나중에 71권 33책의 《청장관전서》로 묶었습니다. 이 책에는 재미있는 항목이 많은데 사람들이 먹는 밥의 양을 기록하기도 했습니다. 당시 우리 조상들은 지금보다 밥을 훨씬 많이 먹었다고 합니다. 요즘보다 적게는 세 배, 많게는 다섯 배까지도 먹었으며, 외국 사람들도 조선 사람이 먹는 밥 양에 놀랐다고 하니 매우 흥미롭지 않나요?

서양 백과사전의 시작

백과사전(百科事典, encyclopedia)이란 사회, 정치, 기술, 예술 등 자연과 인간의 모든 활동에 관한 다방면의 지식을 수집하여 체계적으로 정리한 책을 말합니다. 어떤 사물이나 생각에 대해 궁금할 때 찾아볼 수 있게 만든 책이지요. 로마 시대 플리니우스의 《박물지》를 시작으로 백과사전은 꾸준히 만들어져 왔습니다. 세상의 모든 것들에 대한 지식을 담아 보려는 이러한 시도는 18세기에 이르러 단순한 지식 전달을 넘어 읽는 사람들의 생각을 바꾸려는 시도로 이어졌지요.

이전의 유럽은 신이 세상의 모든 것을 지배한다는 교회의 관점과 왕과 귀족은 신으로부터 권력을 받았다는 생각을 당연히 여겼습니다. 그러다 차츰 이런 생각에 의문을 품는 사상이 생겨났고 사회 전체에 유행하게 됩니다. 그것은 바로 잘못된 생각에서 깨쳐 나오게 한다는 뜻의 계몽주의 사상입니다.

계몽주의 사상은 인간의 이성과 자유, 행복을 중요하게 여겼어요. 알 수 없는 신의 힘이 아니라 인간의 이성과 정신의 힘이 세상을 굴러가게 한다고 생각했지요. 그러면서 아는 것, 알고 싶은 것에 대한 관심이 높아졌고 그에 따라 다양한 지식을 담은 책들이 등장하게 됩니다. 마침 과학 기술이 발전하여 인쇄술이 급격하게 발달했고, 지적 호기심으로 글자를 아는 사람들이 늘어났습니다. 이 분위기 속에서 1751년 마침내 세상의 모든 것들에 대한 설명을 담은 백과사전이 편찬되기에 이르렀지요. 백과사전을 편찬한 사람들은 프랑스의 개혁파이자 철학자 들인 디드로와 몽테스키외, 루소 등입니다. 이들이 만든

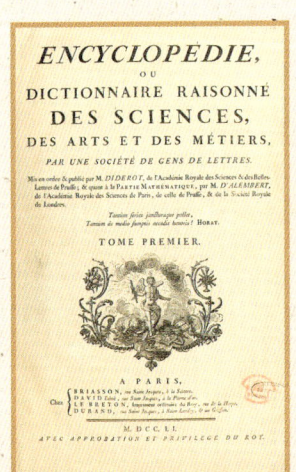 

《백과전서》의 표지(왼쪽)와 권두화 (오른쪽)

1751년 프랑스에서 출간된 《백과전서 혹은 과학, 예술, 기술에 관한 체계적인 사전》으로 흔히 《백과전서》라고 합니다. 1751년 제1권이 출판된 이후 1772년까지 71,818개 항목, 3,129개의 삽화가 실린 35권의 책이 발행되었습니다. 볼테르, 몽테스키외, 루소, 케네 등이 집필에 참여했습니다. 오른쪽은 책의 첫머리에 들어간 1772년판의 권두화 중 하나로 진리가 밝은 빛을 드러내는 모습이 계몽주의를 상징하고 있습니다.

백과사전이 오늘날 최초의 근대적 백과사전이라고 불리는 《백과전서》입니다.

'지식의 연결체'라는 뜻의 《백과전서》는 비슷한 내용을 가진 것들끼리 묶어 실었던 이전의 책들과 달리 알파벳 순서에 따라 항목을 실었지요. 비슷한 내용끼리 묶어 놓으면 당시 출판 전에 내용을 검사했던 가톨릭과 절대 왕권 정부의 눈을 피할 수 없기 때문입니다. 예를 들어 신이나 교회를 비판한 내용이 없는지 보려면 신, 교회, 성경 등이 모여 있는 부분만 펼치면 금방 찾아낼 수 있는데, 알파벳순으로 배열해서 따로따로 떼어 놓으면 찾기 힘들지요. 그럼에도 출판된 후 내용이 발각되어 프랑스 검찰의 고발로 출판이 금지되지만 비밀리에 출판되어 널리 퍼져 나갔습니다.

이후 1768년 《브리태니커 백과사전》의 초판이 스코틀랜드 에든버러에서 나왔습니다. 《브리태니커 백과사전》은 《백과전서》보다 약간 늦게 출발했지만 그 정신은 같았습니다.

《브리태니커 백과사전》에는 '백과사전'이 이렇게 풀이되어 있습니다. "지식 전반에 대한 정보를 담고 있거나 특정한 분야의 어떤 지식을 누구나 알 수 있게 다루고 있는 참고서." 여기에 이 책의 원칙이 있다고 볼 수 있습니다. '지식 전반에 대한', '누구나 알 수 있게'가 바로 그것입니다. 즉 단순한 말의 풀이가 아니라 구체적인 사실을 실어야 하고, 한 계층이나 한 민족, 한 인종만이 아니라 누구나 두루 알 수 있어야 한다는 뜻이지요.

이렇게 발간된 《브리태니커 백과사전》은 독일의 《브록하우스 백과사전(초판 1796년)》, 프랑스의 《라루스 백과사전(초판 1866년)》과 함께 근대에 탄생하여 오늘날까지 이어진 세계 3대 백과사전입니다.

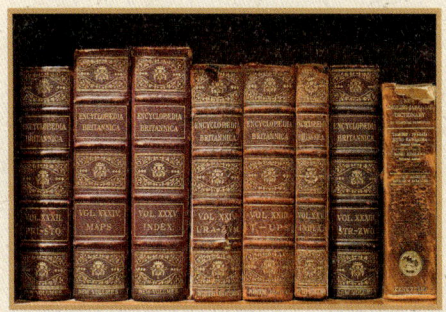 

1875년에 출간된 《브리태니커 백과사전》 제9판(왼쪽)과 1913년에 제작된 제11판의 광고(오른쪽)입니다. "궁금할 때 찾아보라."고 홍보하고 있습니다.

3. 실학자 손암 정약전

출생과 성장

정약전은 1758년 오늘날의 남양주시 조안면인 경기도 광주의 한 마을에서 태어났습니다. 자*는 천전이고, 호는 손암입니다. 작은 마을의 수령을 지낸 아버지 정재원과 아버지의 두 번째 부인인 윤씨 사이에서 태어났습니다. 위로 이복형인 정약현이 있고, 아래로 동생 정약종과 정약용, 그리고 여동생이 있었습니다. 여동생은 조선 최초로 천주교 영세를 받고 신유박해* 때 순교한 이승훈의 아내입니다.

정약전은 어릴 때부터 형제들과 사이가 좋았고 친구를 두루 사귀기를 좋아했어요. 특히 동생 정약용의 존경을 듬뿍 받았습니다.

자
본이름 외에 부르는 이름을 말합니다. 예전에는 이름을 소중히 여겨 함부로 부르지 않던 관습이 있어서 어른이 되어 상투를 틀고 갓을 쓰는 관례를 치르면 본이름 대신 자로 불렀습니다.

신유박해
1801년 순조 원년인 신유년에 있었던 천주교 박해 사건입니다. 이승훈을 비롯해 정약종, 권철신 등 남인에 속한 신자와 중국인 신부 주문모 등이 처형되었습니다. 신유박해를 비롯해 1839년의 기해박해, 1846년의 병오박해, 1866년의 병인박해가 조선의 천주교 4대 박해입니다.

남양주시 조안면 능내리에 있는 정약전과 정약용의 생가입니다.

대과
조선의 과거 시험은 문관을 뽑는 문과, 무관을 뽑는 무과, 기술관을 뽑는 잡과로 나뉘어 있었습니다. 그중 문과는 크게 소과와 대과 2단계로 진행되었는데 대과에 합격하면 관리가 되었습니다.

6조
조선의 중앙과 지방의 정치, 행정 조직은 모두 6조 체제였습니다. 이조는 관리의 임명과 과거 시험 등을 맡았고, 호조는 세금을 거두어 관리들에게 봉급을 주는 등 나라 살림을 맡았습니다. 예조는 국가 제사, 행사, 외교, 학교 등을 관장했고, 병조는 군사와 군대 운영, 국토 방어에 관한 일을 했습니다. 형조는 범죄를 조사하고 재판하거나 노비에 관한 일을 다루었고, 공조는 도로 건설, 성의 축조, 도구 관리 등을 맡았습니다.

　어린 나이부터 실학사상의 선구자 이익을 스승으로 모시며 학문을 갈고닦았지요. 이때는 주로 성리학의 기본 원리를 공부했지만, 나중에는 수학과 과학 등 새로운 학문도 개방적인 태도로 익히며 지적 호기심을 두루 채웠습니다.

　정약전은 32세에 과거 대과*에 합격해 관직에 나아갔습니다. 정약전을 눈여겨본 정조는 마음에 쏙 들었는지 정약전을 데려다 관리로 쓰라고 6조*에 따로 명을 내리기도 했습니다. 정약전 역시 그 부름에 충분히 보답하며 중요한 관직을 두루 거쳐 병조 좌랑까지 지냈습니다.

우애가 깊었던 동생 정약용

사실 정약전은 동생 정약용과 함께 거론될 때가 많지 따로 언급되는 경우는 많지 않습니다. 그만큼 다산 정약용이 대단한 인물이기 때문입니다. 남자 형제로는 정약전의 막냇동생인 정약용은 어릴 때부터 시를 잘 짓고 학문에 대한 이해가 빨라 신동 소리를 들었습니다. 일찌감치 과거에 합격해 관직에 올랐으며, 형 정약전과 마찬가지로 정조의 관심을 듬뿍 받아 중요한 자리에서 행정가로, 건축가이자 과학자로 다양한 능력을 십분 발휘했지요. 정약전은 이런 동생을 두고 비록 아우지만 "내가 십 년을 공부해도 동생의 이백 분의 일도 따라가지 못할 것이다."라는 말도 했습니다.

정약용 초상_다산기념관 소장

이후 형제는 함께 천주교 박해로 벌을 받아 먼 곳으로 귀양을 가게 됩니다. 정약용은 귀양살이 중에도 낙담하지 않고 나라가 부강해지고 백성이 잘살 수 있는 방안을 담은 책을 썼습니다. 《목민심서》, 《흠흠신서》, 《경세유표》 등 평생 500권이 넘는 엄청난 양의 책을 쓴 정약용은 조선 최고의 학자 중 하나로 손꼽히지요.

정약용은 늘 형을 존경하고 따르는 동생이었습니다. 어릴 때부터 함께 공부하며 세상을 바라보는 눈을 길렀습니다. 나중에 귀양을 가게 될 때도 자신은 육지에 남는데 형은 머나먼 섬으로 들어

정약용의 1표2서

다산 정약용은 평생 500권이 넘는 책을 쓴 최고의 학자이자 저술가였습니다. 그중에서도 지방관이 백성을 다스리는 도리를 설명한 《목민심서》, 조선을 부강하게 만들기 위한 여러 제도의 개혁 방안을 논한 《경세유표》, 법과 형벌을 적용할 때 목민관이 가져야 할 자세와 원칙을 설명한 《흠흠신서》는 최고의 저서로 손꼽히며 함께 1표2서라고 불립니다.

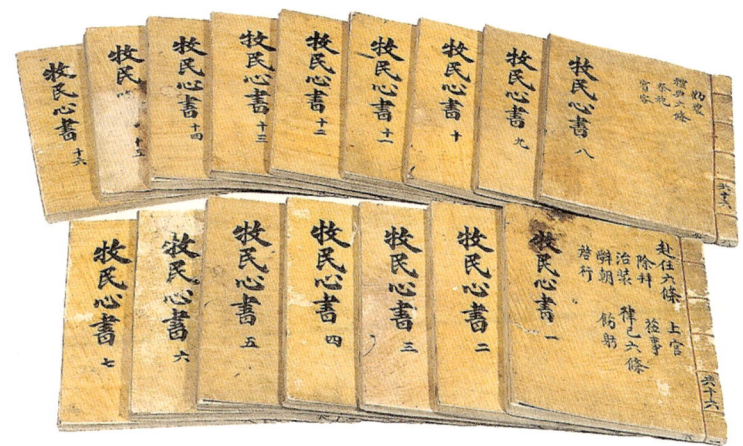

《목민심서》_다산기념관 소장

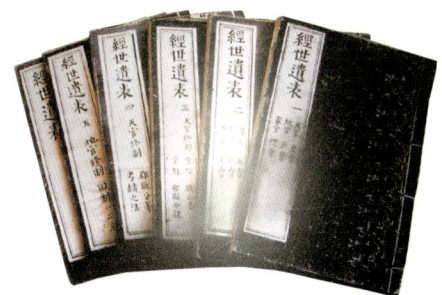

《경세유표》_다산연구소 제공, 남양주 다산문화관 소장

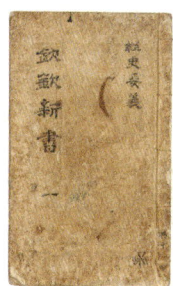

《흠흠신서》_성호기념관 소장

가는 것을 무척 안타까워합니다. 또 형의 건강에 대해 노심초사하며 편지를 자주 보내곤 했는데 점점 허약해지는 형을 위해 몸보신할 방법과 정확한 요리법 등을 적어 보내 주기도 했지요.

건강뿐만이 아닙니다. 형제는 늘 모든 것을 의논했는데 특히 정약용은 형 정약전이 책을 쓸 때 진심 어린 의견을 내놓곤 했습니다. 정약전이 《자산어보》를 쓰면서 책에 물고기 그림을 그리면 어떨까 하는 의견을 내자 글로만 써서 더 자세하게 알리도록 권유한 것도 정약용입니다. 정약용은 이론과 원리를 설명할 때 그림이나 도형을 붙여 설명하기를 좋아했어요. 형 정약전 역시 도형이나 공간의 성질에 관한 지식이 있어서 과학 원리에 따라 사물을 확대하고 축소하여 자유롭게 그릴 수 있다는 사실을 정약용은 알고 있었지요. 하지만 정약전이 섬에 갇혀 다른 자료를 찾아볼 수 없고, 모든 물고기를 직접 볼 수도 없는데 말로만 들어서 그림을 그리는 데는 한계가 있을 수밖에 없다는 생각에 그림보다는 글을 권유했던 것입니다.

《자산어보》의 내용 중에는 '청안(晴案)'이 붙은 부분이 많습니다. 여기서 '청'은 정약용이 강진에 유배를 가 있을 때 책을 쓰는 데 늘 함께했던 제자 이청을 말합니다. 정약용은 제자인 이청에게 형 정약전의 원고를 읽고 보충 설명을 붙이도록 했고, 이렇게 하여 '청안'이 《자산어보》에 들어간 것으로 보입니다. 평생 500권이 넘는 책을 쓰기에도 바빴을 정약용이 늘 형님의 책에도 관심을 가지고 보다 완벽한 모양새를 갖추도록 노력한 것은 두터운 형제애가 아니면 할 수 없는 일이었습니다.

《다산시문집》에는 형 정약전이 죽었다는 소식을 듣고 정약용이

정약용의 편지_나주 정씨 월헌공파 종회 소장

정약용이 흑산도에 유배 중인 형 정약전을 걱정하며 쓴 편지입니다. 편지를 받는 사람에게 정약전을 잘 보살펴 달라고 부탁하는 내용입니다.

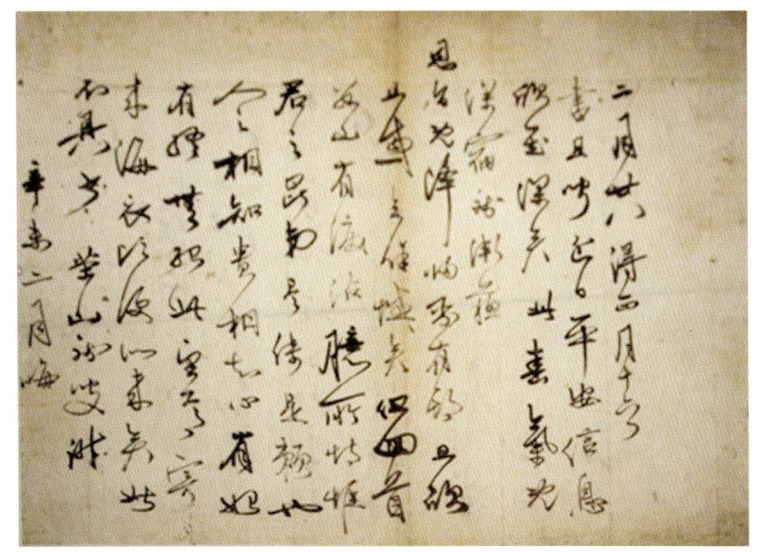

눈물을 흘리며 남긴 글이 실려 있습니다.

> 외로운 천지 사이에 우리 손암 선생만이 나를 알아주는 친구였는데,
> 이제는 잃어버렸으니, 앞으로는 비록 터득하는 바가 있더라도 어느 곳에 입을 열어 함께 말할 사람이 있겠느냐.
> 나를 알아주는 이가 없다면 차라리 진즉에 죽는 것만 못하다.
> 아내도 나를 알아주지 못하고 자식도 나를 알아주지 못하고,
> 형제 종족들이 모두 나를 알아주지 못하는 처지에

나를 알아주던 우리 형님이 돌아가셨으니, 슬프지 않으랴.

정약전과 천주교

정약전은 본래 타고난 과학자였습니다. 새로운 서양의 과학 기구를 보면 흠뻑 빠지곤 했지요. 동생 정약용도 "형은 수학 서적을 보면 금방 이해했다."고 할 정도로 수학과 과학에 일가견이 있었습니다. 서양 문물에 대한 호기심은 천주교에 대한 관심으로 이어졌습니다. 당시 지식인들에게 천주교는 종교가 아니라 유교를 보완해 줄 학문의 일종으로 생각되었지요. 정약전은 부인의 동생인 이벽으로부터 천주교를 알게 되어 스승인 권철신과 함께 천주교에 대한 토론을 자주 벌였습니다. 그러다가 천주교를 받아들이게 되었지요. 학문을 가르쳐 준 스승, 부인의 동생, 여동생의 남편 등이 모두 열렬한 천주교 신자였기 때문에 어쩌면 당연한 결과인지도 모릅니다.

정조가 살아 있을 때만 해도 천주교도들을 무조건 죽이지는 않았습니다. 천주교를 법으로 금지하기는 했지만 발각이 되면 주동자만 처벌하는 정도였지요. 정약전은 젊은 시절에 이벽과 권철신, 동생들과 모여 예배를 보다가 발각되어 체포되었습니다. 하지만 곧 풀려날 수 있었습니다. 이후 과거에 급제해 관리가 되고 승승

천진암 터_다산연구소 제공
천주교 성지로 경기도 광주시 퇴촌면에 있습니다. 천진암은 원래 절이지만 지금은 사라지고 없습니다. 정조 3년(1779년)에 이곳에서 권철신, 정약전, 정약종, 정약용, 이승훈 등이 모여 공부를 하다가 천주교에 눈을 뜨게 됩니다.

섭정
왕이 너무 어리거나 혹은 늙고 병이 들거나 하는 등의 이유로 직접 나라를 다스리지 못할 때 다른 사람이 왕을 대신하여 나라를 다스리는 일을 말합니다.

장구하다가 다시 천주교를 믿는다는 이유로 쫓겨나 귀양을 가기도 했습니다. 이때에도 정조의 배려로 금방 풀려나 다시 관직으로 돌아왔지요.

문제는 정약전과 정약용 형제를 너그럽게 봐주던 정조가 세상을 떠난 후였습니다. 정조의 아들 순조는 어린 나이에 왕위에 올랐습니다. 그래서 영조의 계비이자 정조의 새 할머니인 정순왕후가 섭정*을 하게 되었지요. 정순왕후는 천주교가 도덕과 예의를 해치는 잡스러운 종교라며 금지령을 내렸습니다. 암행어사를 보낼 때도 천주교도가 있는지 살펴보라고 몰래 명을 내릴 정도였으니 얼마나 천주교를 싫어했는지 알 만하지요.

그런데 마침 정약전의 동생 정약종이 붙잡히고 맙니다. 천주교 신부와 주고받은 편지, 교리가 담긴 책 등을 몰래 옮기다가 발각되었기 때문입니다. 정약종은 이제 믿지 않겠다고 맹세하라는 강

아는 것이 힘!

조선 양반들의 유배

유배는 귀양이라고도 하는데 죄를 지은 사람들에게 내려지는 형벌의 한 종류입니다. 한양에서 먼 곳으로 보내지는 벌로 양반 관리와 일반 백성 모두에게 적용되었습니다. 특히 양반 관리에게는 유배형이 자주 내려졌습니다. 관리로서 나랏일을 하며 잘못을 저지른 경우나 당파 싸움에서 지면 언제든 유배를 당할 위험에 처했지요. 관리로 살다 보면 평생 한두 번은 유배를 간다고 할 정도였으니까요.

유배는 기간이 정해져 있지 않았습니다. 한두 해 살고 다시 관직으로 돌아가기도 했지만, 죽을 때까지 평생 유배 생활을 해야 하는 경우도 있었지요. 죄가 클수록 먼 곳이나 섬으로 유배되었고, 사는 집 주변에 가시나무 등을 둘러 다른 사람과 만나지도 못하게 했습니다. 죄가 크지 않다면 임금과 가족에게서 멀어질 뿐 평소처럼 살아가기도 했고요. 죄가 크든 작든 유배된 사람은 그곳에서 스스로 먹을거리를 마련해서 살아야 했습니다. 높은 관직에 있었고 금방 다시 한양으로 돌아갈 사람이나 관직이 높은 사람의 가족인 경우에는 유배지의 수령이 극진히 돌봐 주기도 했습니다.

유배 기간 동안 양반들은 여러 가지 기록을 하고 책을 쓰는 경우가 많았습니다. 정철의 《사미인곡》, 김만중의 《구운몽》 같은 문학 작품이나 정약용의 《목민심서》, 정약전의 《자산어보》 등이 유배 생활을 통해 탄생한 뛰어난 저서들입니다.

요를 받았지만 끝내 천주교를 버리지 않겠다고 해서 사형을 당합니다. 그러면서 그의 형제인 정약전과 정약용도 붙잡혀 갑니다. 예전에 함께 예배를 보다가 잡힌 적이 있으니 천주교도라는 의심을 받은 것이지요. 정약전과 정약용도 계속 천주교를 믿겠다고 하면 사형을 당할 처지에 몰렸습니다. 형제는 할 수 없이 천주교를 믿지 않겠다는 약속을 했고 목숨은 구했습니다. 하지만 먼 곳으로 귀양을 가야 했지요. 이때 정약전의 가족뿐만 아니라 많은 천주교인이 죽거나 옥에 갇혔는데, 1801년의 이 사건을 신유박해라고 합니다.

귀양살이

청나라에 있는 천주교회의 주교에게 조선의 천주교 탄압을 알리려 했던 '황사영의 백서 사건'이 일어났습니다. 황사영은 정약전의 조카사위입니다. 이 사건 때문에 신유박해로 귀양을 가 있던 정약전과 정약용은 다시 한양(한성)으로 불려 와 고문을 당했습니다. 정약용의 반대파는 두 형제를 황사영 사건과 연결시킬 증거를 찾아 주변 사람들을 신문하고 구석구석을 뒤졌지만 찾을 수 없었습니다. 결국 형제는 목숨만은 건져 머나먼 땅으로 귀양을 떠나게 되었지요. 정약용은 그래도 육지인 전라남도 강진으로 정해졌지만 형 정

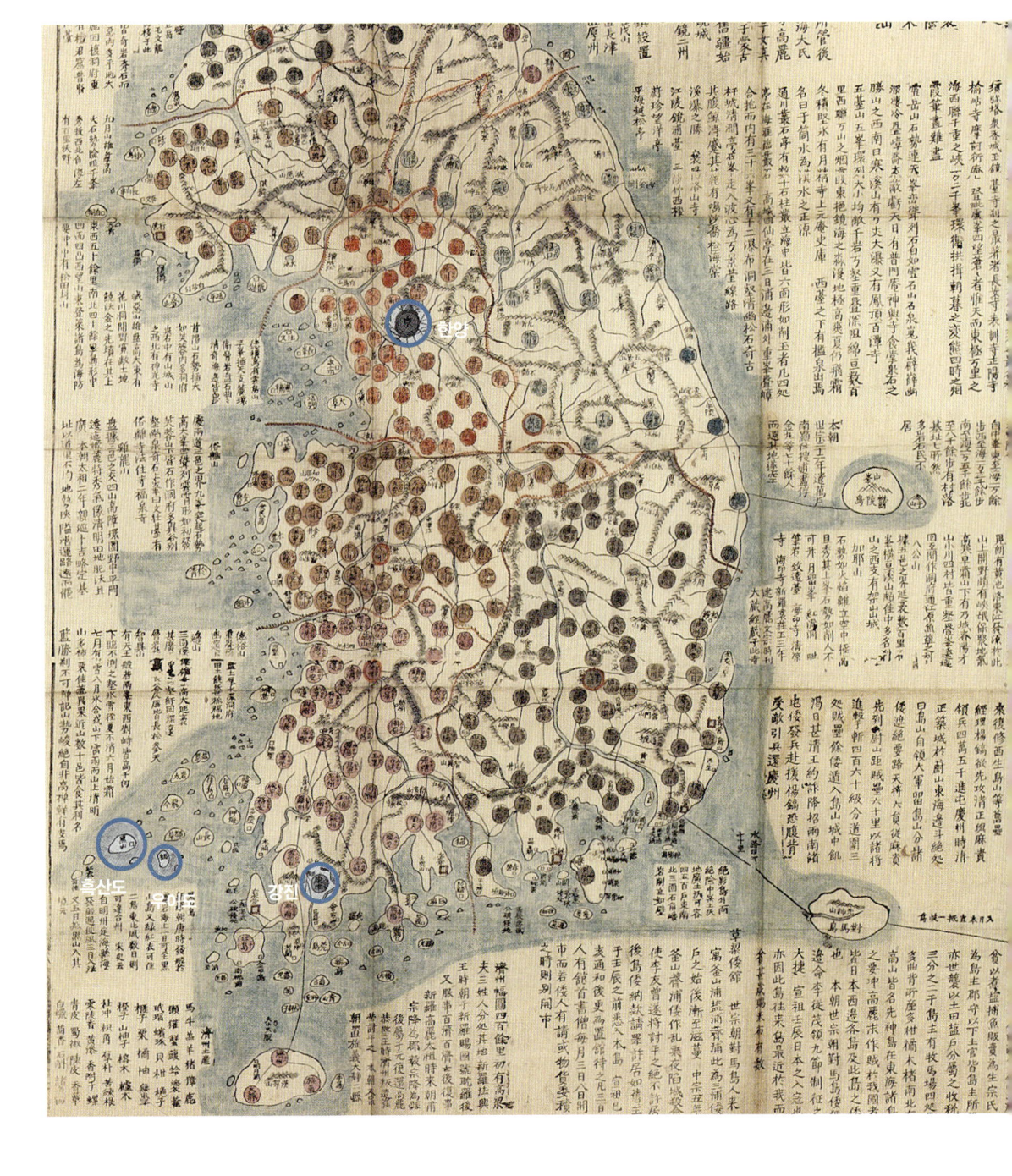

〈해좌전도〉_국립중앙박물관 소장 19세기 중엽에 그려진 것으로 추정되는 작자 미상의 우리나라 전국 지도입니다. 한양에서 쫓겨난 정약전과 정약용이 귀양살이를 한 강진과 흑산도, 우이도(소흑산도)의 위치를 확인할 수 있습니다.

약전은 머나먼 외딴섬 흑산도로 가야 했습니다. 교통이 발달하지 않았던 당시 상황에서 섬으로 간다는 것은 세상으로부터 쫓겨난 것과 같았습니다. 배를 타야만 갈 수 있는 데다가 바다 사정에 따라 들기도 나기도 힘들었기 때문이지요.

정약전과 정약용 형제는 남쪽으로 같이 내려오다가 나주의 한 주막인 율정점에서 헤어졌습니다. 둘은 살아서는 다시 만날 수 없음을 예감하고 슬퍼했습니다. 정약용은 이 마음을 〈율정별리〉라는 시에 담았습니다.

주막집 새벽 등불 푸르스름하게 꺼지려는데
일어나 샛별 보니 이별할 일 참담해라
두 눈만 말똥말똥 서로 말이 없네
애써 목청을 다듬어도 오열이 되고 마네
흑산도 아득한 곳 바다와 하늘뿐인데
그대는 어찌 그곳으로 가셔야 합니까……(하략)

정약전은 동생과 헤어져 흑산도로 향했습니다. 흑산도는 목포에서 100킬로미터나 떨어진 머나먼 섬이었습니다. 검을 흑(黑), 산 산(山) 자를 써서 흑산도인데, 이 섬에서의 생활이 얼마나 힘들었는지 정약전은 흑 자가 어둡고 무섭다며 대신 검을 자(玆)를 써서

정약전 유배지 터_연합포토 제공
전남 신안군 우이도 진리 마을에 있는 정약전의 유배지 터입니다. 지금은 밭으로 변해 다른 흔적은 찾아볼 수 없습니다.

'자산'이라고 불렀습니다.

 소흑산도(우이도)와 대흑산도의 귀양 생활은 16년 동안 계속되었습니다. 이제나저제나 육지로 나갈 날을 기다렸지만 끝내 풀려나지 못하고 59세의 나이로 생을 마감하게 되었지요. 하지만 정약전은 답답한 섬 생활 중에도 낙담하거나 포기하지 않고 적극적으로 할 일을 찾았습니다. 바로 선비이자 지식인으로서 책을 쓰는 일이었지요. 정약전의 저서는 대부분 귀양 생활 동안 쓰였습니다. 섬 주변의 물고기를 직접 관찰하고 쓴 《자산어보》가 대표적이고, 《송정사의》※, 《표해시말》, 그리고 시 수십 수가 오늘날까지 전해지고 있습니다.

《송정사의》
책 제목이 '소나무 정책에 관한 개인 의견'이라는 뜻입니다. 당시 백성을 어려움에 빠뜨린 대표적인 문제 중 하나인 소나무 벌목 금지 정책에 대한 생각과 의견을 제시하고 있습니다.

흑산도에 남은 정약전의 흔적

정약전이 처음 왔을 때 당시 흑산도는 섬 전체 인구가 700명쯤 되었습니다. 다들 산비탈에 밭을 일구어 농사를 짓고, 물고기잡이를 주된 일로 살아가고 있었지요. 정약전은 흑산도 안에서도 사람이 거의 없고 끝없이 펼쳐진 남쪽 바다만 보이는 '사리'라는 곳에 자리를 잡았습니다.

정약전은 이곳에 '사촌서실' 혹은 '사촌서당'이라고 부르는 서당을 열고 아이들을 모아 글을 가르쳤습니다. 그 집의 이름은 '복성재'이며 아직도 남아 있습니다. 흑산도를 방문하는 사람들이 많이 들르는 곳이지요.

흑산도에 남아 있는 정약전의 흔적 중에는 성당도 있습니다. 흑산도에는 천주교 신자들이 많은데, 그것은 정약전과 어느 정도 관련이 있어 보입니다. 섬사람 중에는 정약전에게 가르침을 받은 사람들의 후손이 많을 테니까요. 신부가 없는 성당을 공소라고 하는데, 흑산도에만 일곱 개나 있고 그중 '사리공소'는 복성재 바로 앞에 있습니다.

정약전이 귀양살이를 했던 흑산도의 전경입니다.

4. 정약전과 흑산도 사람들

거친 섬에 사는 순박한 사람들

정약전은 나라에서 천하의 몹쓸 죄인라고 규정한 '천주학쟁이'였습니다. 임금에게 충성하고 부모에게 효도하는 것이 최고의 가치라고 생각한 사회에서 조상과 부모의 제사를 거부한 천주교인들은 대다수의 조선 백성들에게도 몹쓸 죄인으로 여겨졌지요. 흑산도 사람들도 귀양 온 양반이라면 보통은 이런저런 보살핌을 주었지만 정약전은 예외였습니다.

정약전이 흑산도에 지은 집은 따뜻한 양지가 아니라 해가 들지 않는 음지에 있습니다. 아마도 양지는 농사를 지어야 한다며 섬 사람들이 땅을 내놓지 않아 어둡고 추운 음지에 집을 지을 수밖에 정약전이 흑산도에서 살았던 사리 마을 전경(위쪽)과 당시를 재현해 놓은 사촌서실(아래쪽)의 모습입니다._신안문화원 제공

정약전이 《자산어보》를 짓고 마을 아이들 공부를 시켰다는 사촌서실은 지금 사촌서당(沙村書堂)이라는 이름을 달고 복원되어 있습니다._신안문화원 제공

없었을 것입니다. 처음에 섬사람들은 그렇게 냉랭하게 한양 양반을 대접했습니다.

정약전은 그 집에 서당을 열었습니다. 섬에서 먹고살려면 일을 해야 하는데 평생 해 온 것이 공부뿐이니 당연했지요. 사는 곳이 사리 혹은 사촌이라 불려서 서당의 이름은 '사촌서실'이라고 했습니다. 정약전은 여기서 공부를 하고자 하는 아이들을 받아 가르치면서 섬사람들과 친해지기 시작했습니다.

원래 성격이 호탕하고 사람들과 잘 어울리는 성격이라 정약전은 금방 섬사람들과 하나가 되었습니다. 사람들이 힘들게 사는 모습을 보고 물고기를 잡고 다루는 방법도 배우며 이것저것 묻기도 하고 참견도 해 가면서 가까워졌지요.

정약전이 섬사람들과 얼마나 친해졌던지 나중에는 이런 일도 있었습니다. 동생 정약용이 유배에서 풀려날지도 모른다는 소문을 들은 정약전은 육지와 조금이라도 더 가까운 우이도(소흑산도)로 옮기려고 했습니다. 그런데 섬사람들이 정약전을 붙잡았어요. 정약전은 그런 섬사람들의 마음을 알기에 몰래 도망치려고까지 했지만 결국 붙잡히고 말았지요. 정약전은 사람들을 설득하고 또 설득해서 겨우 우이도로 갈 수 있었습니다. 우이도로 가서 몇 년을 더 살다가 세상을 떠났는데, 여기서도 섬 주민들과 많이 친해져서 정약전의 장례식에서는 섬사람들이 모두 모여 펑펑 울었다고 합니다.

아는 것이 힘!
조선의 어업

조선 시대의 고기잡이는 오늘날과 많이 달랐어요. 지금처럼 기술이 발달하지 않아서 멀리 나갈 수 있는 배도 별로 없었고, 고기잡이 도구도 시원찮았으니까요. 또 물고기를 많이 잡았다 해도 냉장 보관을 할 수 없어 도시로 가져다 팔기도 쉽지 않았지요. 그래서 가까운 바다에서 자기 식량으로 쓸 것만 잡는 정도였어요. 어부들은 물고기를 잡으면 정해진 양을 세금으로 바쳐야 했어요. 논밭에 주인이 있듯 바다도 주인이 있었는데, 바다는 논밭과 달리 개인이 소유할 수 없고 전부 국가가 소유했어요. 그러니까 어느 바다에서 물고기를 잡든 나라에 그에 대한 세금을 내야 했습니다. 조선 시대에 어느 바다에서 어떤 물고기가 많이 잡혔는지는 모두 나라에서 만든 《동국여지승람》이나 《세종실록지리지》와 같은 지리지에 적혀 있어요. 세금을 걷기 위해 국가 차원에서 조사한 것이지요.

《단원풍속도첩》 중 〈고기잡이〉_국립중앙박물관 소장
발로 둘러친 어장에 그물을 쳐 고기를 잡고, 그것을 운반하는 광경을 그린 그림입니다. 고기 떼를 따라 물새들이 날아들고 독을 실은 배 안에는 솥도 걸려 있어 풍성한 어장의 분위기가 잘 드러납니다.

그러나 병자호란이 끝나고 조선 후기에 접어들자 상황이 바뀌었습니다. 전쟁의 피해를 어느 정도 복구하자 인구가 늘고 도시가 많이 생겼지요. 그러면서 물고기를 찾는 사람들이 많아지게 되었고, 세금이나 어부들의 반찬 정도로 쓰이던 해산물이 상품으로 팔려 나갔습니다. 많이 필요하니 더욱 열심히 잡게 되었지요. 그러면서 뱃길도 많이 생기고 지역 포구에 물고기를 사고파는 장도 발달하기 시작했어요. 각 포구마다 대표적인 물고기가 있었는데, 영광 법성포에서는 조기를, 함경도 원산포에서는 명태를 주로 거래하는 식이었고 이것은 오늘날까지 이어지고 있답니다.

이 시기에 기술이 좋고 부지런한 사람은 물고기를 잡아 큰돈을 벌기도 했습니다. 하지만 보통의 어부들은 새로운 고기잡이 방법이나 어망 만드는 법, 물고기를 활용하고 가공하는 법 등을 잘 몰랐고, 이를 안타까워하는 지식인이 많았습니다. 《임원경제지》, 《자산어보》 등의 책도 이러한 배경에서 나왔지요.

문순득의 《표해시말》

섬사람들이 정약전을 믿고 따른 예가 또 있습니다. 바로 《표해시말》이라는 책을 보면 알 수 있는데, 이 책은 우이도의 홍어 장수 문순득의 표류 이야기를 담고 있습니다.

문순득은 1801년 12월 홍어를 거래하기 위해 바다에 나갔다가 풍랑에 휩쓸려 멀리 떠내려가고 맙니다. 표류를 하다가 유구국, 지금의 일본 오키나와 지역에 도착해서 겨우 목숨을 구했지요. 거기서 3개월 정도를 지낸 문순득은 청나라를 통해 조선으로 가려고 배를 탔는데, 그 배도 풍랑을 만나 이번에는 여송국, 지금의 필리핀까지 가게 되었습니다. 거기에 9개월 정도 머무는 동안 문순득은 여송국의 말을 배우고, 서양에서 들어온 문물을 접했어요. 그 후 중국 상선을 타고 마카오를 거쳐 광둥, 난징, 베이징에 갔다가

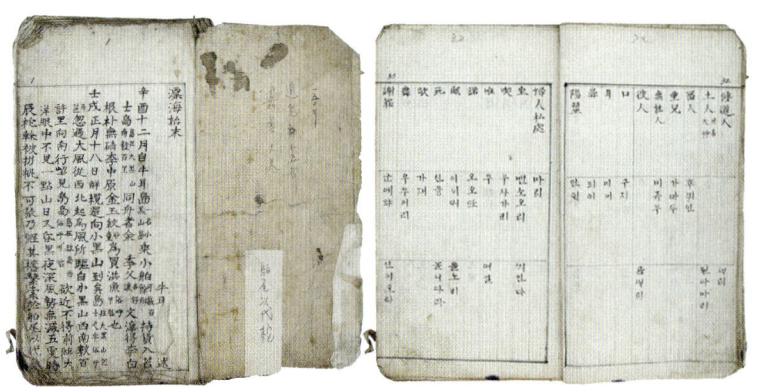

《표해시말》_신안문화원 제공
문순득의 표류 내용을 정약전이 정리한 《표해시말》(《유암총서》에 수록) 원본과 본문 중 유구어와 여송어를 우리말과 비교해 놓은 표입니다.

한양으로 들어왔고 무려 3년 2개월 만에 고향으로 오게 됩니다.

 섬사람들의 생활과 소식을 잘 알고 있던 정약전은 문순득을 만나 학자로서 궁금한 점을 모두 물어보았습니다. 그리고 문순득이 표류한 과정을 비롯해 그가 본 유구국과 여송국, 마카오 등의 풍습, 언어, 토산품, 의복 등에 관한 것들을 기록했지요. 이 기록이 바로 《표해시말》입니다. 정약전이 듣고 기록한 《표해시말》은 조선 밖의 세상이 어떤가에 대한 호기심을 채워 주고, 당시의 유구국이나 여송국이 어떤 모습이었는지 알 수 있게 해 줍니다.

 정약전은 명문가 양반 출신이었지만 작은 섬의 홍어 장수와도 거리낌 없이 친분을 맺었고 그의 말에 귀를 기울였습니다. 문순득에게 하늘 아래 최초로 세상을 돌아다닌 사람이라는 뜻으로 '천초'라는 이름도 지어 주었지요. 이렇게 《표해시말》에는 정약전의 세상에 대한 호기심과 더불어 섬사람들과 함께하려는 마음도 담겨 있습니다.

흑산도 사람 장창대

정약전이 《자산어보》를 쓰는 데 엄청난 도움을 준 이가 있었습니다. 바로 장창대라는 사람이에요. 장창대는 지식인이기는 했지만 섬에 살기 때문에 학문이 아주 깊지는 않아도 사람됨이 신중하고 늘 연구하는 자세를 가지고 있었습니다. 정약전은 장창대에 관한 시를 두 수 썼는데, 〈장창대에 부치다〉라는 시를 보면 그가 어떤 사람인지 잘 알 수 있습니다.

> 사람들은 장창대를
> 숨어 사는 뛰어난 선비라고 말한다.
> 옛 책이 늘 손에 들려 있고
> 묘한 이치를 마음에 지니고 있다.
> 초저녁부터 이야기를 나누다 보면
> 어느새 밀물 소리가 밀려오누나.
> 항상 낮과 밤을 다 지새우는데
> 놀랍다. 세상을 깨우친 이치의 뿌리가 얼마나 깊은지.

한양에서 온 정약전은 당연히 바다와 자연에 대해 깊이 알지 못했습니다. 그래서 여러 가지로 부족한 점을 도와줄 사람이 필요했는데 장창대가 그 역할을 했습니다. 장창대는 바다 생물에 대해 광범위한 지식이 있었고, 모르는 것이 있으면 실제로 해부하고 알아볼 정도로 호기심이 많은 사람이었습니다. 유교 경전보다 실제 생활에 도움이 되는 지식을 중요하게 여긴 실학자 정약전과 마음이 잘 맞는 사람이었지요.

정약전은 《자산어보》에 아홉 번에 걸쳐 '창대가 말하기를'이라며 이름을 직접 언급해 주었습니다. 또 서문에 "성품이 차분하고 꼼꼼하여 모든 풀, 나무, 새, 물고기 등에 대해 듣거나 본 것을 모두 깊이 따지고 생각해 그 성질과 이치를 알고 있어서 그가 한 말은 믿을 만했다."고 적고 있습니다. 실제로 장창대는 정약전이 자료를 연구하고 《자산어보》라는 귀중한 책을 쓰는 데 지대한 도움을 주었습니다.

아는 것이 힘!

조선 시대의 표류기

조선 시대 사람들은 함부로 나라 밖으로 나가지 못했고, 외국인이 들어오지도 못했습니다. 오로지 중국에 가는 사신을 따라가거나, 사신으로 조선에 들어오는 사람을 따라오는 것만 허락되었습니다. 그 외에는 모두 나라의 비밀을 정탐하러 온 첩자로 간주했지요. 주변의 다른 나라들도 비슷했어요. 그래서 일단 표류 끝에 육지에 도착하면 그 나라의 수도로 가서 첩자가 아니라 표류해 왔다는 것을 증명하고 그 나라의 도움을 받아 고향으로 돌아가야 했습니다. 그렇게 표류 끝에 고향으로 돌아와 경험한 일을 기록한 책을 '표해록'이라고 하는데, 조선의 유명한 표류 기행문으로는 최부가 쓴 《표해록》, 장한철의 《표해록》, 문순득의 《표해시말》이 있습니다.

성종 때 제주에서 관리로 일하던 최부(1454년~1504년)는 제주에서 출발해 나주로 가다가 풍랑을 만나게 됩니다. 표류 끝에 중국 남쪽 지역에 도착한 최부는 일행을 이끌고 베이징을 거쳐 고국으로 돌아오는데, 탁월한 관찰력과 기억력으로 그 여정을 모두 기록했습니다. 당시에는 중국에 가더라도 수도인 베이징 아래로는 내려가지 못했기 때문에 중국의 양쯔강 이남 지역을 다녀온 사람이 거의 없었어요. 최부는 처음으로 이 지역을 돌아보고 그곳 사람들의 습성과 문화 및 명나라의 정치, 경제, 도시, 자연 등을 상세히 기록한 《표해록》을 남겼습니다.

최부의 《표해록》_국립중앙박물관 소장

영조 때 제주 선비 장한철은 과거를 보기 위해 한양으로 향하다가 폭풍우를 만나 유구국의 무인도에 표류합니다. 바다를 떠돌며 많은 어려움을 겪은 뒤에 간신히 한양으로 가 과거 시험을 치르지만 낙방하고 다시 고향으로 돌아오지요. 최부의 《표해록》을 읽었던 장한철은 표류하면서 겪은 일을 매 순간 기록했고 흥미로운 책으로 남겼습니다.

마지막으로 가장 오랜 기간 동안, 가장 멀리 돌아보고 온 홍어 장수 문순득의 경험을 기록한 《표해시말》이 있습니다. 문장을 읽고 쓰는 데 능숙하지 않은 문순득 대신 정약전이 기록을 남겼지요. 이 책은 당시 조선 사람들이 결코 경험할 수 없었던 동남아시아 지역의 문화까지 알려 주어 조선 사람들의 생각을 넓히는 데 도움을 주었습니다.

조선 사람들이 해외에 표류한 기록뿐만 아니라 외국인이 조선에 표류한 뒤 남긴 기록도 있습니다. 《하멜 표류기》는 네덜란드 선원 하멜이 조선에 표류해 당시 조선의 사정에 대해 세세히 기록한 책입니다.

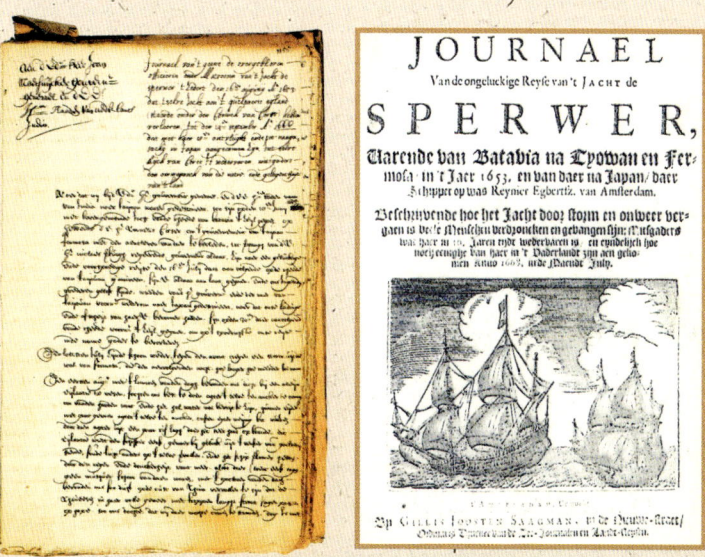

《하멜 보고서》가 수록된 연합동인도회사 공문서와 《하멜 표류기》의 표지_네덜란드 국립공문서보관소 소장
《하멜 표류기》는 네덜란드 선원 하멜이 1653년 제주도에 표류해 와 이후 13년 28일 동안 조선에 살면서 경험한 일을 정리해 유럽에 알린 최초의 조선 보고서입니다. 왼쪽은 하멜이 표류 기간 동안 밀린 월급을 받기 위해 동인도회사에 제출한 보고서이며, 오른쪽은 1668년 암스테르담에서 출간된 《하멜 표류기》의 표지입니다.

5. 《자산어보》를 쓴 이유와 그 구성

조선의 3대 어류 백과사전

정약전의 《자산어보》는 어류 백과사전 혹은 해양 생물 백과사전이라고 불립니다. 어류 백과사전으로 일컬어지는 책에는 김려의 《우해이어보》와 서유구의 《난호어목지》도 있습니다. 셋을 조선의 3대 어보라고 부르지요. 모두 조선의 상업이 발달하고 실용성에 중점을 둔 실학이 발달하던 시기에 쓰였습니다.

가장 먼저 나온 《우해이어보》는 1803년 김려가 지은 책으로 우리나라 최초의 어보입니다. '우해'는 남해안에 있는 진해를 가리킵니다. 진해로 유배를 간 김려는 그곳에서 자주 배를 타고 낚시를 즐기곤 했습니다. 그런데 즐기는 데에 그치지 않고 인근에 사는

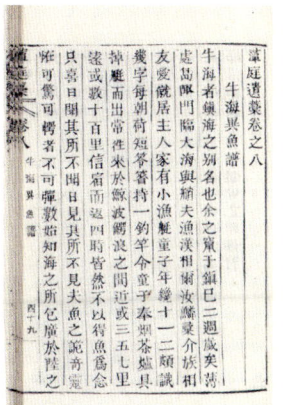

김려의 《우해이어보》_한국학중앙연구원 제공

물고기 중 어부들에게 도움이 되는 종류, 학문 교류를 하는 친구들에게도 들려줄 수 있는 물고기의 특징을 기록하기로 했습니다. 김려가 조사하고 기록한 해양 생물은 어류 53종, 갑각류와 패류 19종 등입니다. 여기에 물고기와 어부들, 물고기를 사고파는 일에 대한 느낌을 시로 지어 덧붙인 것이 특징입니다. 이 시가 39편에 달하지요.

3대 어보 중 가장 나중에 나온 《난호어목지》는 농업에 관한 방대한 설명을 담은 《임원경제지》의 저자 서유구가 1820년경에 썼습니다. 서유구는 관직에서 쫓겨난 뒤 경기도 장단의 '난호'라는 바다 근처에서 살았습니다. 재산이 많지 않아 스스로 농사를 짓고 고기를 잡으며 생활해야 했지요. 농사를 짓고 가축을 기르며 그 방법을 정리한 것이 《임원경제지》라면 다양한 물고기와 그것을 잡고 다루는 방법을 알려 주는 것이 《난호어목지》입니다. 단순히 물고기에 대한 지식이 아니라 물고기를 다루는 방법에 대한 지식이라는 뜻에서 다스릴 목(牧) 자를 넣어 '어목지'라고 한 것을 눈여겨볼 만합니다. 이 책은 154종의 해양 생물을 종류별로 나누고 각각의 특성에 따라 어떻게 잡는지 상세하게 알려 줍니다. 각 물고기에 따라 그물, 어살*, 작살, 낚시 등 다양하게 잡는 방법을 살피고, 해삼, 전복 등을 따는 법, 조리법 등도 자세히 적었습니다. 실사구시 정신에 가장 충실한 어보라고 할 수 있지요.

어살
물고기를 잡는 장치 중 하나입니다. 싸리, 참대, 장나무 따위를 개울, 강, 바다 등에 날개 모양으로 둘러치거나 꽂아 나무 울타리를 친 다음 그 가운데에 그물을 달아 고기가 들어가서 잡히도록 합니다.

《자산어보》를 쓴 이유

《자산어보》에는 여러 가지 꾸미는 말이 붙곤 합니다. '조선 최고의 어류 백과사전', '우리나라 최초의 해양 생물 백과사전', '당대 세계 최고의 어류 백과사전' 등 표현도 다양합니다. 《우해이어보》가 11년 앞서기는 했지만 그 책은 우해 인근의 어류 등을 일부만 다루었을 뿐 체계가 따로 없어서 사실 백과사전이라고 하기는 어렵습니다.

정약전은 우리나라 최초의 해양 생물 백과사전인 《자산어보》를 쓴 동기를 이렇게 밝히고 있습니다.

> 후대의 군자가 이 책을 기본으로 삼아 덧붙이고 보충해 쓴다면 이 책은 병을 치료하는 데 도움이 될 것이고, 여기저기 쓸모가

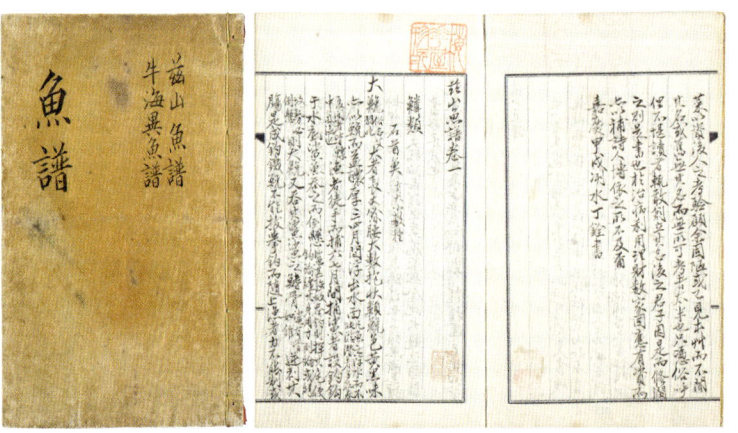

《자산어보》_규장각한국학연구원 소장

《본초강목》_국립중앙박물관 소장
중국 명나라 때의 본초학자 이시진(1518년~1593년)이 엮은 약학 책입니다. 1590년에 간행되었으며 모두 52권입니다. 이시진이 30년 동안 집대성한 책으로 총 1,892종의 약재가 실려 있습니다. 《자산어보》를 쓸 때 가장 많이 참고한 책이며 자주 인용됩니다.

많을 것이고, 재산을 잘 관리하는 데 있어 도움이 될 것이며, 시인이 시를 쓰는 데도 지금까지 몰랐던 것을 알 수 있게 도와줄 것이다.

병을 치료하는 데 도움이 된다는 말은 바다에서 나는 식물이나 동물이 어떤 병을 치료하는 데 효과가 있는지를 알려 준다는 뜻입니다. 이를테면 어떤 물고기의 간은 피로 회복에 좋고 어떤 바다나물은 상처 치료에 좋다는 식입니다. 병의 치료에 대한 글은 주로 '본초서'라고 부르는 동식물 약학 책들을 따랐습니다. 그중에서도 동양 최고의 본초서로 꼽히는 이시진의 《본초강목》이 자주 나오지요. 이시진이 광물, 동물, 식물 중 약으로 쓰인 것을 죄다 모아 정리해 놓았다면 정약전은 바다 생물에 국한한 것만 다를 뿐 재료를 실제로 연구하고 현지 정보를 모아 이미 있는 이론을 고치고 새로 정리한 것은 비슷하다고 할 수 있습니다. 여기저기 쓸모가 많을 것이라는 말은 바다 생물이 실생활에서 어떻게 쓰일 수 있는지 알려 주겠다는 뜻입니다. 오징어 먹물로 붓글씨를 쓰거나 민어의 부레를 아교*로 쓰는 것처럼 말입니다. 또 재산을 잘 관리하는 데 도움이 된다는 말은 바다 생물에 대한 다양한 지식으로 돈을 벌 수도 있다는 뜻입니다. 정약전은 《자산어보》에서 물고기마다 맛이 다르고 효험도 다르므로 언제 잡는 것이 가장 좋은지 그 시기를 알려 주었고, 어떻게 하면 상품으로 팔 수 있는지도 함께 실었습니다. 마지막으로, 시를 짓는 데 도움이 된다고 한 말이 특이합니다. 이것은 선비들이 시를 지을 때 자연물에 대한 이해가 깊다면 더 좋은 시를 쓸 수 있으므로 바다 생물에 대해서도 깊이 알게 되면 자연히 시를 짓는 데 큰 도움이 될 것이라는 말입니다. 정약전은 스스로를 박물자*라고 말하면서, 자신이 아는 것을 풀어 세상에 구체적인 도움이 되고자 했습니다.

아교
쇠가죽, 힘줄, 뼈 따위를 끈끈하도록 진하게 고아서 말린 접착제를 가리킵니다.

박물자
여러 사물에 대해 두루 많이 아는 사람 혹은 동물, 식물, 광물, 지질, 기상 등 자연계의 사물이나 현상을 연구하는 사람입니다.

아리스토텔레스의 생물학 연구

기원전 300년 무렵 고대 그리스의 철학자 아리스토텔레스는 모든 방면에서 뛰어난 학문적 연구 성과를 내놓았습니다. 철학이 가장 유명하지만 동물에 관한 연구도 무시할 수 없지요. 그의 《동물의 역사》, 《동물의 발생》, 《동물의 움직임에 대해》 등의 책을 보면 고대에는 동물에 대한 연구가 어떻게 이루어졌는지 알 수 있습니다.

아리스토텔레스는 알렉산더 대왕의 스승이었습니다. 알렉산더 대왕은 유럽 끝에서 아프리카, 아시아까지 넘나들며 세계를 정복해 갔습니다. 정복지에서 그가 한 중요한 일 중 하나는 자신의 고향에서는 보기 힘든 동물들을 잡아 아리스토텔레스에게 보내는 것이었습니다. 스승의 연구에 도움을 주기 위해서였지요. 덕분에 아리스토텔레스는 각종 동물을 관찰하고 해부하면서 연구를 할 수 있었습니다. 그중에서도 고래가 다른 어류와 달리 포유류라는 사실을 그 옛날에 알아낸 점은 놀랍습니다.

하지만 과학적으로 한계를 보인 이론도 있는데, 장어가 땅속에서 자연 발생적으로 생긴다고 한 것입니다. 장어를 아무리 해부해 보아도 생식 기관이 없고, 분명히 알을 퍼뜨리는 장면을 본 적도 없는데 어느 날 갑자기 새끼들이 올라오는 것을 보고는 땅속에서 절로 나온다는 결론을 내렸지요. 그럼에도 아리스토텔레스의 동물 연구 결과는 당대 최고였고, 1,500년이 훌쩍 지난 르네상스 시기에도 어떤 이론을 검증하는 기준이 되었습니다.

《동물의 역사》_바티칸도서관 소장, 15세기 필사본
아리스토텔레스는 생물학 분야 가운데에서도 특히 동물학 연구에서 매우 뛰어났습니다. 그는 자신의 저서에서 120종의 어류와 60종의 곤충을 포함해서 모두 500종이 넘는 동물에 대해서 기술하고 있습니다.

《자산어보》의 구성과 설명 방식

아무리 박학다식한 이가 책을 썼다 해도 그 책의 내용을 찾아보기 쉽지 않다면 있으나 마나 할 것입니다. 정약전의 《자산어보》가 높이 평가받는 이유 중 하나가 바로 한눈에 찾아보기 쉽기 때문입니다. 《자산어보》는 총 세 권인데 해양 생물을 네 종류로 나누어서 첫 번째 종을 제1권에, 두 번째와 세 번째는 제2권에, 네 번째를 제3권에 담았습니다.

제1권에는 비늘이 있는 물고기류가 실려 있습니다. 그리고 제2권은 비늘이 없는 물고기류, 껍질이 딱딱한 개류(介類), 제3권은 바다와 그 근처에 사는 벌레, 새, 식물 들을 포함한 잡류를 설명하고 있습니다. 해양 생물을 다루는 데 있어 벌레와 새, 식물까지 포함시켜 중국에서도 볼 수 없는 분류를 시도하고 있는 것이 특이합니다.

또 큰 항목을 네 가지로 나누고, 그 아래 항목을 다시 비슷한 종류끼리 묶었습니다. 이렇게 총 55류로 나누고, 그 아래로 총 226종을 설명했습니다. 그런데 이 226종 중에는 이름만 들어도 서로 같은 종이라는 것을 알 수 있는 것들이 많습니다. 예를 들어 '접어'라는 물고기가 있으면, 그 뒤에 접어와 생김새나 특징이 비슷한 물고기 일곱 종을 나열하면서 이름을 '○○접'이라고 붙였습니다. 끝에 붙은 '-접'만 봐도 접어의 비슷한 종류임을 알 수 있게 한 것이지요.

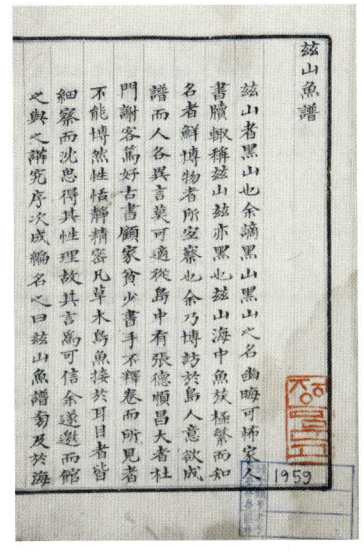
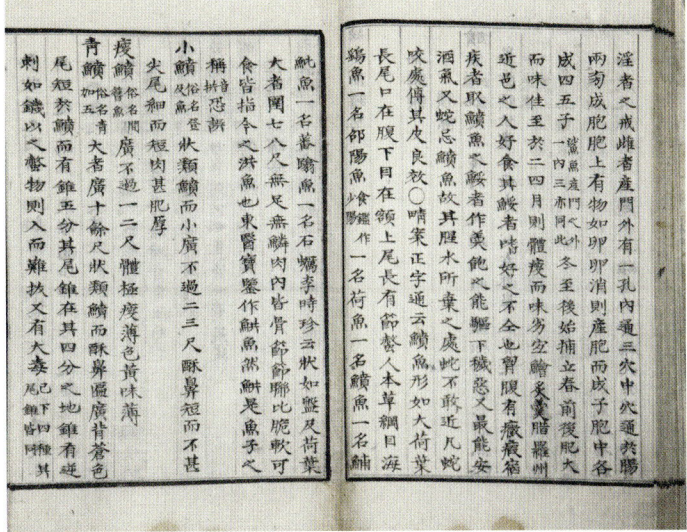

《자산어보》 서강본의 서문(왼쪽)과 본문(오른쪽)_서강대학교 로욜라 도서관 소장
본문은 분어(홍어) 암컷의 생식기와 태반에 대해 설명하고 있는 부분입니다.

 이렇게 서로 비슷한 종들을 한 묶음으로 한 뒤 그중 가장 대표적인 종을 자세하게 쓰고 나머지는 그 대표적인 종과 비교한 후 상대적으로 간단하게 기록했습니다. 이렇게 묶어 대표를 뽑고 나머지를 비교해 층을 두고 설명하는 방식은 분류학의 아버지 린네(1707년~1778년)가 세운 것과 비슷합니다. 또 설명하는 순서도 생물의 크기를 정확히 한 척, 두 척 등의 측정값으로 알려 주고, 그 다음 생김새를 설명했습니다. 생김새도 전체에서 부분으로, 한쪽 방향에서 다른 쪽 방향으로 차례차례 설명하는데 이런 방식 또한 현대 생물학과 비슷합니다.

린네가 기초를 다진 정식 분류학은 과학을 중요시하는 풍토와 세계 곳곳을 돌아본 유럽의 경험을 통해 나온 것입니다. 이에 비해 좁은 땅, 그것도 섬 안에 갇혀서, 그리고 과학과 기술을 가볍게 여기는 조선의 학문적 바탕에서 《자산어보》처럼 과학적인 분류를 시도한 연구가 나온 것은 높이 평가받을 만합니다.

《자산어보》의 특징과 의의

정약전은 어부도 아니고 바닷가에서 태어나지도 않았는데 어떻게 해양 생물에 대한 백과사전을 쓸 수 있었을까요?

첫 번째 이유는 관찰하는 태도에 있습니다. 정약전은 연구 대상을 정하면 모양, 색깔, 살아가는 방식 등을 자세히 관찰했습니다. 꼼꼼하게 관찰하고 가장 대표적인 특성을 찾아내 독자가 눈앞에서 보는 것처럼 느낄 수 있도록 구체적으로 설명했지요. 자로 쟀을 때 크기는 얼마인지 측정하고, 게나 밤톨 등 이미 알려진 사물을 예로 들어 비교하기도 합니다. 크기뿐만 아니라 촉감이나 모양, 변화 등도 구석구석 살펴서 자세히 설명했습니다.

관찰을 단순히 겉모양만 살피는 것이라고 생각하면 오산입니다. 정약전은 관찰 대상을 해부해 보기까지 했습니다. 상어나 홍어에 대한 설명에서 암컷과 수컷의 내부 장기가 어떤지에 대해 자

수정
생물에서 암수의 생식 세포가 하나로 합쳐져서 새로운 세포나 개체가 생기는 것 또는 그런 현상을 말합니다. 동물은 정자와 난자가 합쳐져 수정란을 이루고, 종자식물에서는 암술의 씨방 안의 난핵과 수술의 정핵이 결합하여 수정란을 만듭니다.

세히 적은 것을 보면 알 수 있습니다. 이렇게 해부를 시도해 정확히 관찰했기 때문에 상어의 독특한 수정* 방식을 알려 줄 수 있었지요.

두 번째 이유는 다양한 정보 수집입니다. 섬으로 귀양을 온 정약전은 처음에 섬사람들이 그리 반기지 않았는데도 그들 속으로 파고들었습니다. 어느 정도 친해지자 늘 얼굴을 맞대고 질문을 많이 했습니다. 해양 생물에 관해 섬 주민들만큼 잘 아는 사람도 없으니까요. 《자산어보》의 많은 부분은 정약전이 스스로 관찰하고 정리한 사실에 섬사람들이 들려준 해양 생물에 대한 지식, 물고기 잡는 방법 등을 보완한 것입니다.

세 번째는 연민과 열정이었습니다. 정약전은 섬사람들의 어려운 생활을 보면서 보다 잘살 수 있는 방법을 고민했습니다. 그러다 보니 잘 알지 못하는 분야지만 열정을 가지고 연구를 하게 되었지요. 섬사람들이 많은 해양 생물을 흔하게 보고 접하면서도 어떻게 이용할지 모르는 것이 안타까웠던 정약전은 고대부터 내려온 지식을 정확한 정보로 정리해서 가난한 섬사람들에게 도움을 주고자 했습니다.

이런 동기로 만들어진 《자산어보》는 오늘날에도 어류 백과사전으로서 중요한 가치를 지니고 있습니다. 가장 눈에 띄는 부분은 예전에 청어와 고등어가 다녔던 바닷길입니다. 지금은 달라진 어류의 생태 정보를 《자산어보》를 통해 알 수 있지요. 지구는 탄생 이래 환경이 조금씩 변하고 있습니다. 공기나 육지의 여건이 바뀌는 것은 물론 바다 역시 온도나 흐름이 변하고 있습니다. 조선 시대의 바다의 환경은 오늘날과 다를 수밖에 없습니다. 그런데 어떻게 달랐는지는 알 방법이 별로 없어요. 《자산어보》는 청어와 고등어 등의 물고기들이 동해와 서해에서 어떻게 이동했는지, 바다의 환경은 어떻게 달랐는지 연구할 때 오늘날과 조선 시대를 비교해 볼 수 있는 유일한 자료입니다.

또 우리는 《자산어보》를 통해 물고기의 공식 명칭 외에도 당시 지방에서 그 물고기를 어떻게 불렀는지 알 수 있습니다. 정약전이 물고기의 생김새를 보고 나름의 이름을 붙여 공식 명칭과 혼동하게 만들었다는 지적을 받기도 하지만, 당시 어부들이 부른 이름도 같이 밝히고 있어 조선 시대 물고기의 속명*을 알 수 있습니다.

속명
원래 이름이나 학문상 이름 외에 민간에서 흔히 부르는 이름입니다.

더불어 《자산어보》는 어느 병의 치료에는 어떤 물고기가 효과가 있으며, 어떤 상처에는 해양 생물 중 무엇을 어떻게 쓰면 좋은지 의학적인 쓰임새를 같이 밝히고 있어서 오늘날 조선 시대 의학 분야를 연구하는 데도 많은 도움을 주고 있습니다.

또한 최초로 류와 종에 따른 분류를 시도해서 조선 과학사에 있어 한 단계 발전을 이루었다는 평가도 받고 있습니다.

《자산어보》의 주석자 이청

《자산어보》에는 '청이 살펴보건대'라는 말이 여러 번 등장합니다. 처음 《자산어보》가 발견되었을 때는 이것이 무엇인지 몰라 학자들 사이에서 의견이 분분했습니다. 나중에 알고 보니 이때의 '청'은, 정약전의 동생 다산 정약용의 집필을 돕던 제자 이청이라는 사람이었습니다.

강진으로 귀양 온 정약용은 주막과 절, 제자 이청의 집 등에서 7년여를 지낸 뒤 외가 친척인 윤씨 집안의 도움으로 다산초당을 마련해 제자들을 길렀습니다. 다산초당에서 정약용에게 배운 제자들은 황상과 이창 등 열여덟 명의 학자들이었어요.

이 중 황상은 훗날 시를 엮은 책을 낼 정도로 문장에 뛰어났으며, 이청은 정약용이 집필을 할 때 늘 자료 조사를 맡고 함께 책을 낼 정도로 학문이 깊었습니다. 정약용이 수많은 책을 쓸 때 제자들의 도움이 절대적이었는데 그중에서도 이청은 큰 도움이 되었습니다.

정약용은 이청에게 형 정약전의 원고를 읽고 보충 설명을 붙이도록 했습니다. 이청은 《자산어보》를 위해 100여 종이 넘는 책을 찾아보았다고 하는데 그중에서 50종 이상은 직접 인용을 하기도 했습니다. 그러면서 인용한 내용을 그대로 가져다 쓴 것이 아니라 어류의 분류 체계를 바꾸기도 하고, 자신의 경험과 지식에 비추어 잘못된 내용은 비판하기도 했습니다. 예를 들면 한 항목에 뭉뚱그린 것들은 종류에 따라 다시 분류하고 설명이 잘못되어 있는 부분은 이유를 들어 지적하기도 했습니다.

다산초당_ⓒ 김종식
다산 정약용이 전라도 강진으로 유배 가 11년간 머물렀던 곳으로, 이곳에서 《목민심서》를 비롯해 많은 책을 썼습니다. 원래 초가집이었던 것을 기와집으로 복원했습니다.

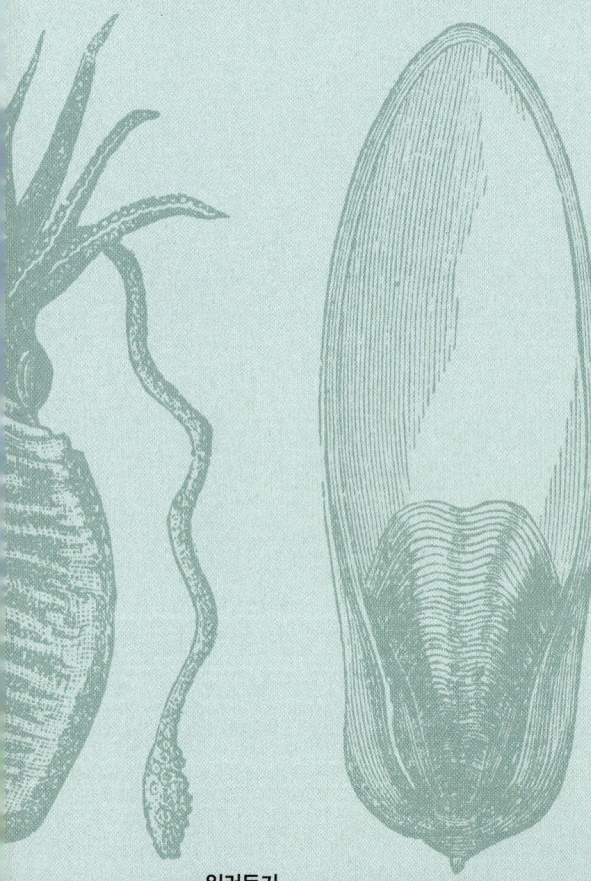

일러두기

* 2부에는 《자산어보》에 올림말로 기록된 총 226종의 생물 중 《자산어보》의 특징을 분명하게 드러내 보여 주고 읽을거리가 풍성한 개체 65종을 선택해 실었습니다.
* 본문에서 올림말 옆의 주황색 글자는 해당 생물을 가리키는 오늘날의 명칭입니다.
* 이청이 단 주석은 '▶청이 살펴보건대,' '▶또 살펴보건대,' 등으로 표시했습니다.
* 올림말 아래의 **작은 고딕 글자**는 《자산어보》에서 해당 분류의 아래 항목에 포함되어 있는 생물들입니다. 괄호 안에 오늘날의 명칭을 같이 표기했습니다.
* 본문에 나오는 5월, 6월 등의 시기는 모두 음력입니다.

제 2 부

조선 최고의 해양 생물 보고서
《자산어보》

서문

    '자산'이란 '흑산'을 가리킨다. 나는 귀양살이를 흑산에서 하고 있는데, 흑산이라는 이름은 아득히 멀고 어둡게 느껴져서 두려운 마음이 든다. 집안사람들에게 편지를 보낼 때는 늘 흑산 대신 자산이라고 표현했다. '자(玆)'라는 글자 역시 검다는 뜻이기 때문이다.

    자산의 바다에는 어족이 굉장히 풍부하다. 하지만 내가 이름을 아는 것은 별로 없었다. 널리 두루 아는 것을 즐기는 사람으로서 마땅히 관심을 가져야 할 것 같았다. 나는 섬사람에게 이것저것 물어보아 어보를 지으려고 했는데 사람마다 말이 달라서 누구의 말을 따라야 할지 알 수 없었다.

    그러다 섬에서 장덕순이라는 사람을 만나게 되었다. 창대라고도 불리는 이 사람은 밖으로 나다니지 않고 집에서 옛 책 읽기를 좋아했다. 집이 가난해서 책이 많지 않은지라 손에서 책을 놓지 않았음에도 생각과 의견은 그리 넓지 않았다. 그러나 성품이 차분하고 꼼꼼하여 모든 풀과 나무, 새, 물고기 등에 대해 듣거나 본 것을 모두 깊이 따지고 생각해 그 성질과 이치를 알고 있어서 그가 한 말은 믿을 만했다.

  나는 창대를 손님방으로 초대해 함께 먹고 자면서 연구를 하였다. 그렇게 연구한 것들을 차례차례 묶어 책으로 완성하고, 이름을 《자산어보》라고 지었다. 이 책은 물고기뿐만 아니라 곁가지로 바닷새와 바다 식물까지 함께 다루어서 후대 사람들이 더 자세한 연구를 할 때 바탕이 될 수 있게 하였다.

  내가 새로운 것을 잘 받아들이지 못해서인지 옛 책에 나오는 식물과 동물이라도 이름을 알 수 없고, 아예 이름이 없어서 찾아서 증명할 방법이 없는 생물도 굉장히 많았다. 이 때문에 정식 이름이 아니라 이 지역 사람들이 부르는 이름을 썼고, 사투리 때문에 한자로 쓸 수 없는 경우에는 내가 나름대로 이름을 만들어 붙였다.

  후대의 군자가 이 책을 기본으로 삼아 덧붙이고 보충해 쓴다면 이 책은 병을 치료하는 데 도움이 될 것이고, 여기저기 쓸모가 많을 것이고, 재산을 잘 관리하는 데 있어 도움이 될 것이며, 시인이 시를 쓰는 데도 지금까지 몰랐던 것을 알 수 있게 도와줄 것이다.

1권
비늘이 있는 어류

석수어 石首魚
크기가 다양하다. 대면(돗돔), 면어(민어), 추수어(참조기)가 있다.

대면 大鮸   돗돔

속명*은 애웃이다. 큰 놈은 길이가 10척* 남짓하며 둘레는 몇 아름*이나 된다. 생김새는 민어와 비슷하지만 색이 누르스름하면서도 검다. 맛 또한 민어와 비슷하지만 좀 더 진하다. 대면은 3~4월 사이에는 수면에 떠다니기 때문에

속명 : 본명이나 학명 외에 민간에서 흔히 부르는 이름.
척 : 길이의 단위로 '자'라고도 한다. 1척은 시대에 따라 변해 일정하지 않았는데, 조선 후기에는 20~23센티미터 정도였다.
아름 : 두 팔을 둥글게 모아 만든 둘레의 길이.

어부들이 맨손으로 잡는다. 보통 물고기 중에는 떠오르면 다시 깊이 내려가지 못하는 놈들이 많다. 봄과 여름에는 부레* 안에 공기가 넘치기 때문이다.

대면은 사어(상어)를 먹기도 한다. 6~7월에 사어를 잡는 사람들이 낚싯바늘을 물속 깊이 늘어뜨려 놓으면 사어가 삼킨다. 사어는 힘이 세서 꼬리로 낚싯줄을 쳐서 끊기도 하지만, 그러지 못하면 결국 낚싯줄이 몸에 감겨 거꾸로 매달리고 만다. 이때 대면이 사어를 잡아먹으면, 송곳같이 뾰족한 뼈가 있는 사어의 등지느러미가 대면의 창자를 찌르면서 낚싯바늘의 미늘* 같은 역할을 한다. 이때 어부들이 낚싯줄을 끌어 올리면 대면이 따라 올라온다. 대면은 힘이 세서 쉽게 잡을 수 없기 때문에 어부들은 올가미를 걸거나 손을 대면의 입에 넣고 아가미를 붙잡아 끌어 올리기도 한다. 아가미는 물고기의 목구멍 옆에 난 빳빳한 털이다. 목구멍 양쪽으로 여러 겹이 빽빽하게 나 있어 참빗 같다. 바닷가 사람들은 이것을 '구섬'이라고 하는데, 물고기는 코로는 냄새만 맡고, 이 아가미로 물을 삼키고 내뿜는다.

석수어는 작은 것이 이빨이 단단하다. 중간 크기는 이빨이 있어도 단단하지 않고, 크기가 큰 대면은 이빨이 사어 껍질과 비슷한 정도여서 입안에 손을 넣어도 찔리지 않는다.

대면의 간에는 강한 독성분이 있어서 이것을 먹으면 어지럽고 두드러기가 생기면서 부스럼 병의 뿌리를 녹여 없앨 수 있다. 대개 큰 물고기의 간은 부스럼의 독기를 가라앉히는 효과가 있다. 대면의 쓸개는 가슴이나 배의 통증을

부레 : 어류의 몸속에서 뜨고 가라앉는 것을 조절하는 얇은 공기주머니.
미늘 : 물고기가 물면 빠지지 않도록 낚시나 작살의 끝에 가시처럼 만든 작은 갈고리.

다스리는 데 효과가 있다.

▶청이 살펴보건대, 석수어는 크기가 다양하고, 모두 머릿속에 돌이 두 개 들어 있다. 배 속의 흰 부레로 아교*를 만들 수 있다.《정자통》*이라는 책에는 "석수어는 '면'이라고도 하는데 동남쪽 바다에 산다. 모양은 백어(백조이)와 비슷해서 몸이 납작하고 뼈가 약하며 비늘이 잘다."라고 되어 있다.《영표록》*에서는 석두어,《절지》*에서는 강어라 했다. 위에 적은 대면의 특징은 어느 책에서도 언급한 적이 없다.

면어鮸魚　민어

속명은 민어다. 큰 놈은 길이가 4~5척에 이른다. 몸통은 약간 둥근 모양에 누르스름하면서 희고, 등 부분은 푸르스름하면서 검다. 비늘과 입이 크다. 맛은 담백하고 달다. 생으로 먹거나 익혀 먹어도 좋지만, 말린 것이 건강에 더 이롭다. 부레로 아교를 만들 수 있다.

흑산 바다에서는 보기 힘들지만 가끔 수면에 떠다녀서 낚시로 잡기도 한다. 신안 앞바다 북쪽의 여러 섬 부근에서는 5~6월 사이에 그물로 잡고, 6~7월에는 낚시로 잡는다. 민어의 알주머니는 길이가 2~3척이나 되며, 젓갈을 담그거나 말려서 포로 만들어도 맛있다.

어린 민어는 이 지역에서 암치어라고 불린다. 또 다른 종도 있는데, 이 지

아교 : 짐승의 가죽, 힘줄, 뼈 따위를 진하게 고아서 굳힌 끈끈한 풀.
《정자통》 : 중국 명나라 때 장자열이 쓴 음운 자서. 자서는 한자의 뜻과 음을 풀이한 책이다.
《영표록》 : 중국 당나라 때 유순이 지은 책으로 광동, 광서 지방의 물산과 생활상을 소개하고 있다.
《절지》 : 중국 청나라 때 혜증균이 쓴 지리서《절강통지》를 가리킨다.

역에서는 부세어라고 부른다. 길이는 2척을 넘지 않는다.

▶청이 살펴보건대, '면(鮸)'의 소리는 '면(免)'과 같다. 우리나라에서 소리를 낼 때 '면(免)'과 '민(民)'은 비슷하니 민어는 곧 면어를 가리킨다. 《설문해자》*에 나오기를 "면은 물고기 이름으로 예사국에서 난다."고 했다. 예사국은 삼국 시대 이전 강릉 쪽에 있던 부족 국가이다. 그런데 지금 강릉 앞바다에서는 면어가 난다는 말이 없다. 면어는 서해와 남해에서만 난다.

《본초강목》*에는 이렇게 쓰여 있다. "석수어 말린 것을 '상어(鯗魚)'라고 한다. 나원*은 '물고기 말린 것을 모두 상어라고 부를 수 있지만 맛은 석수어 말린 것이 최고라 석수어만 상어라는 이름을 얻게 되었다. 석수어 말린 것 중에서도 하얗게 잘 마른 것은 맛이 특히 좋아 '백상'이라고 한다. 바람을 너무 많이 맞으면 붉은색으로 변하는데 그러면 제맛을 잃는다.'고 하였다." 우리나라에서는 민어를 '가상(佳鯗)'이라고 부르니 민어가 곧 면어이다.

《설문해자》: 중국 후한 시대에 허신이 쓴 책으로 한자마다 음과 뜻을 풀이했다.
《본초강목》: 중국 명나라의 이시진이 30년에 걸쳐 총 1,892종의 약재를 집대성한 약학 책이다.
나원: 중국 송나라 때의 문신이자 학자.

치어 鯔魚

치어(가숭어)와 가치어(숭어), 두어 종이 있다.

치어   가숭어

속명은 수어다. 큰 놈은 길이가 5~6척이다. 몸통이 둥글고 검은색이다. 눈은 작고 누런색이며, 머리는 납작하고, 배 부분은 하얗다. 의심이 많은 성질에 민첩하기까지 해서 위험을 잘 피한다. 헤엄을 잘 치고, 물 위로 튀어 오르기도 잘하는데, 사람 그림자만 봐도 바로 도망친다. 물이 아주 흐리지 않으면 낚싯바늘을 물지도 않는다. 물이 맑으면 그물이 열 발자국 넘게 떨어져 있어도 금방 알아차려 피해 가고, 설사 그물에 들어가도 금방 빠져나온다. 물가로 나왔다가 돌아가려고 할 때 그물이 기다리고 있으면 차라리 물 밖으로 나와 진흙 속에 엎드려 있을지언정 다시 물 가운데로 가려고 하지 않는다. 그물에 걸려도 온몸을 그대로 진흙에 파묻고 눈으로만 바깥의 낌새를 살핀다.

맛이 달고 깊어서 물고기 중 최고라 할 만하다. 잡는 시기는 정해져 있지 않지만 3~4월 사이에 알을 낳기 때문에 이때 그물로 많이 잡는다. 개흙 섞인 뿌연 물에서가 아니면 그물로 잡기 힘들다. 이런 이유로 흑산 앞바다에도 있지만 물이 맑아서 잡을 수가 없다.

이 지역에서는 치어 가운데 작은 놈을 '등기리', 가장 어린 놈을 '모치'라고 부른다. 모치는 '모장' 또는 '모당'이라고도 한다.

노어 鱸魚

노어 농어

큰 놈은 길이가 10척이나 된다. 몸통은 둥글고 길다. 살이 통통하고, 머리가 작고, 입이 크며 비늘이 잘다. 아가미는 겹으로 되어 있지만 얇고 약해서 낚싯바늘에 걸리면 쉽게 찢어진다. 색은 하얗고 여기에 거무스름한 얼룩이 있으며, 등이 검푸르다. 맛이 좋고 깔끔하다.

  4~5월에 나기 시작해서 동지* 이후에 자취를 감춘다. 민물을 좋아해서, 장맛비로 강물이 불어날 때 낚시꾼들이 바닷물과 민물이 만나는 곳을 찾아 낚시를 던졌다가 들어 올리면 바로 노어가 딸려 나온다. 흑산에서 나는 것은 야위고 작으며 맛도 육지 가까이에서 나는 것만 못하다. 노어의 어린 놈은 보통 '보로어'라고 부른다. '걸덕어'라고도 한다.

  ▶청이 살펴보건대,《정자통》에서는 "노어는 궐어(쏘가리)와 비슷하지만 입이 크고 비늘이 작다. 길이는 3촌* 정도 된다. 아가미가 네 개여서 '사새어'라고도 부른다."고 했다. 이시진은《본초강목》에서 "노어는 오나라 송강 지역에서 많이 난다. 4~5월에 많이 잡힌다. 길이는 두어 촌에 불과하며 흰색에 검은 점이 있는 것이 궐어와 약간 닮았다."고 했다. 여기서 말하는 오나라의 노어는 짧고 작아서 우리나라의 노어와는 다르다.

동지 : 24절기 중 하나. 양력 12월 23일경으로 일 년 중 낮이 가장 짧고 밤이 가장 길다.
촌 : 길이의 단위. '치'라고도 하며, 10촌이 1척 정도다.

강항어 強項魚

강항어(참돔), 흑어(감성돔), 유어(혹돔), 골도어(군평선이), 북도어(새끼 감성돔), 적어(새끼 돔류) 등이 있다.

강항어　참돔

속명은 도미어다. 큰 놈은 길이가 3~4척이다. 생김새는 노어(농어)와 비슷하다. 몸통이 노어보다 짧은데 위로 높아서 높이가 거의 길이의 반이나 된다. 등이 붉고, 꼬리가 넓적하며, 눈이 크다. 비늘은 면어(민어)와 비슷하게 생겼지만 면어에 비해 억세고 단단하다. 머리와 목이 아주 단단해서 물건에 부딪히면 물건이 부서질 정도다. 이빨도 아주 강해서 복어(전복)나

소라 껍데기를 깨물 수 있고, 낚싯바늘에 걸리면 바늘을 펴거나 부러뜨릴 수도 있다. 살이 단단하고 맛이 달며 진하다. 충청도와 황해도에서는 4~5월에 그물로 잡고, 흑산도에서는 4~5월에 나오기 시작해서 입동*이 되면 사라진다.

유어瘤魚　혹돔

속명은 옹이어다. 생김새는 강항어와 비슷하나 몸통이 좀 더 길고 눈이 더 작다. 붉으면서 자줏빛을 띤다. 뇌 뒤에 혹이 있는데, 큰 것은 주먹만 하다. 턱 아래에도 혹이 있는데 이것을 삶으면 기름이 나온다. 맛은 강항어와 비슷하나 조금 덜하다. 머리에 살이 많고 맛이 진하다.

시어鰣魚

시어　준치

속명은 준치어다. 크기는 2~3척 정도 된다. 몸통이 좁고 위로 높다. 비늘이 크고 가시가 많다. 등이 푸르고, 맛은 달고 깔끔하다. 곡우* 뒤에 우이도에서 잡히기 시작한다. 바다를 따라 점점 북쪽으로 올라가는데 6월 정도에 황해도에서 잡힌다. 어부들은 북쪽으로 물고기들을 쫓아가며 잡는데, 일찍 쫓아가야지 늦게 가면 잡는 양이 적다.

입동 : 24절기 중 하나. 양력 11월 8일경으로 이때부터 겨울이 시작된다고 한다.
곡우 : 24절기 중 하나. 양력 4월 20일경으로 봄비가 내려 모든 곡식이 윤택해진다고 한다.

작은 놈은 3~4촌 정도로 맛이 별로 좋지 않다.

▶청이 살펴보건대, 《이아》*에서 "구는 당호다."라고 했는데 곽박이 해석하기를 "구는 바닷물고기다. 편어(병어)와 비슷하지만 그보다 비늘이 더 크고 살이 두툼하며, 맛이 좋고 가시가 더 많다. 지금 강동에서는 길이가 3척이나 되는 가장 큰 놈을 당호라고 한다."고 했다. 이시진은 《본초강목》에서 "시어는 모양이 위로 높고 옆으로 납작하다. 방어와 비슷한데 그보다 길다. 은처럼 하얗고 털 같은 잔가시가 살 속에 많다. 큰 놈이 3척을 넘지 않는다. 배 아래에 세모나고 딱딱한 비늘이 있는데 마치 껍데기 같다. 기름이 이 껍데기 같은 비늘 속에 있다."고 했다. 이 물고기가 보통 사람들이 말하는 '준치어'이다.

또 살펴보건대, 《역어유해》*에서는 준치어를 '늑어', 다른 이름으로 '찰도어'라고 했다. 그런데 《본초강목》에는 늑어를 설명하는 항목이 따로 있다. 여기에 따르면 늑어는 시어와 비슷하지만 그보다 머리가 작고 배 아래에 단단한 가시가 있다고 했다. 이는 보통 사람들이 말하는 준치어는 아니다.

《이아》: 중국에서 가장 오래된 단어 해설 책. 옛 책이나 사례를 찾아 문자의 뜻을 증명하고 밝히는 일종의 사전이다.
《역어유해》: 조선 숙종 때 신이행, 김경준 등이 펴낸 중국어 단어집이다.

벽문어 碧紋魚

벽문어(고등어), 가벽어(전갱이), 해벽어(방어), 세 종류가 있다.

벽문어　고등어

속명은 고등어다. 길이는 2척 정도 된다. 몸통이 둥글고 비늘은 굉장히 잘다. 등이 푸르고 무늬가 있다. 맛은 달지만 시고 탁해서 회나 포로는 먹을 수 없고 국으로 끓이거나 젓갈을 담가 먹을 수 있다. 추자도* 근처 여러 섬에서 5월에 낚시로 잡고, 7월에 자취를 감추었다가 8~9월 사이에 다시 나타난다. 흑산 바다에서는 6월에 낚시로 잡고 9월이 되면 자취를 감춘다. 이 물고기는 낮에는 줄을 지어 재빠르게 헤엄치기 때문에 사람이 쫓을 수 없다. 밝은 곳을 좋아하는 성질을 이용해 밤에 횃불을 밝혀 놓고 낚시를 한다. 맑은 물에서만 놀기 때문에 그물을 칠 수는 없다고 한다. 섬사람들이 말하기를 "이 물고기는 1750년에 많이 몰리기 시작해서 1805년이 될 때까지 더 잡히고 덜 잡히는 때는 있어도 해마다 아예 없진 않았습니다. 하지만 1806년 이후에는 해마다 줄어들어 지금은 거의 보이지 않습니다. 최근에 듣기로는 경상도 바다에 새로 나타났다고 합니다."라고 했다. 그러나 그 이유는 알 수 없다.

　이 지역에서 크기가 조금 작은 놈을 '도돔발'이라고 부르는데 벽문어에 비해 머리가 조금 오그라들었고, 모양이 좀 더 높고, 색은 조금 옅다.

추자도 : 한반도 남서부와 제주도 사이에 위치한 군도.

청어 青魚

청어(청어), 식청, 가청, 관목청(꽁치) 등이 있다.

청어　청어

길이는 1척 정도다. 몸통이 좁고 색이 푸르다. 물에서 나와 오래 있게 되면 뺨이 붉게 변한다. 맛은 담백하고 싱겁다. 국으로 끓이거나 구워 먹으면 좋고, 젓갈로 담그거나 말려서 포로 만들어도 좋다. 1월이면 해안가로 몰려와 근처를 돌아다니며 알을 낳는다. 수만, 수억 마리가 무리 지어 다녀서 바다를 온통 뒤덮는다. 3월까지 알을 낳으면 깊은 바다로 돌아간다. 그 후 낚시를 하면 길이가 3~4촌 정도 되는 어린 청어가 잡힌다. 1750년 이후 10년 정도 매우 많이 잡혔다가 그 뒤 줄어들었고 1802년에 다시 풍성해졌다가 1805년 이후에 풍성했다 줄어들었다를 반복했다. 이 물고기는 12월 말 경상도 해안가에 처음 나타났다가 해안을 따라 서쪽으로 이동한 뒤 다시 북쪽으로 이동하여 3월에는 황해도 해안가에 나타난다. 황해도 해안에서 나는 놈은 남해의 것보다 배는 크다. 경상도 해안과 전라도 해안의 어획량은 번갈아 가며 풍성했다 줄었다를 반복한다.

　장창대는 "경상도 해안에서 나는 청어는 등골뼈가 74마디이고, 전라도 해안의 청어는 53마디입니다."라고 했다.

　▶청이 살펴보건대, 청어(青魚)는 '鯖魚(청어)'라고도 쓴다. 《본초강목》에서 "청어는 강이나 호수에서 산다. 머릿속에 침골*이 있는데 땅속에서 나는 광물

침골 : 머리뼈 뒤쪽 아래에 있는 뼈.

인 호박 모양이다. 잡는 때는 따로 없다."고 했다. 이것으로 볼 때 그 청어는 이 책의 청어가 아니다. 이 물고기의 색이 푸르기 때문에 그저 청어라고 이름을 지은 것이다.

관목청貫目鯖 꽁치

생김새는 청어와 비슷하다. 양쪽 눈이 서로 통한다. 청어보다 훨씬 맛있고 말려 먹으면 더 맛있다. 양 눈을 뚫어 하나로 꿰어 말린 청어를 '관목'이라 부르는데, 이것은 잘못되었다. 관목청이라는 물고기는 따로 있다. 경상도 바다에서 나는 놈이 가장 귀하다.

사어鯊魚 상어

고사(곱상어), 진사(돔발상어), 해사(별상어), 죽사(까치상어), 치사(복상어), 왜사(두톱상어), 병치사(칠성상어), 철좌사(톱상어), 효사(악상어 혹은 흉상어), 산사(전자리상어), 노각사(귀상어), 사치사(괭이상어), 은사(은상어), 도미사(환도상어), 극치사(백상아리), 철갑장군(철갑상어), 기미사(범고래), 금린사(철갑상어) 등이 있다.

보통 물고기 중 알에서 태어나는 놈들은 암수 교미가 없다. 수컷이 먼저 흰 정액을 쏟아 내면 암컷이 거기에 알을 낳아서 새끼가 된다. 그런데 유독 사어는 새끼를 배었다가 낳고, 낳는 때도 정해져 있지 않으니 물속에 사는 동물 중 특별한 경우이다. 수컷은 바깥쪽에 생식기가 둘이 있고, 암컷은 배에 태보[*]가 둘

태보 : 태아를 싸고 있는 막과 태반.

▲극치사(백상아리)와 생김새가 비슷한 까치상어

있다. 태보에는 각각 네다섯 개의 태가 있고, 태가 자라서 새끼가 출산된다.

 태보 안의 새끼 사어는 가슴 아래에 크기가 수세미외*만 한 알을 달고 있다. 이 알이 줄어들면 출산이 된다. 알은 사람의 배꼽과 같은 역할을 한다. 새끼 사어의 배 속에 있는 것이 알의 즙이다.

 ▶청이 살펴보건대, 《정자통》에서 "바다 사어는 눈이 파랗고, 뺨은 빨갛다. 등 위로 지느러미가 있고, 배 아래에 날개가 있다."고 했다. 《육서고》*에서

수세미외 : 박과의 한해살이 덩굴풀로 열매 속에 있는 섬유질을 수세미로 사용하기 때문에 수세미라고도 한다.

는 "사어는 바다에서 나는 물고기인데, 그 가죽이 모래처럼 까칠해서 모래 '사(沙)'를 써서 사어라고 한다. 입이 쩍 벌어져 있고, 비늘이 없으며, 배에서 태어난다."라고 했다. 《본초강목》에서는 "교어는 사어이고, 착어이자, 복어이자, 유어이다."라고 했다. 이어 말하길 "옛날에는 교어라고 했고 지금은 사어라고 하지만, 같은 무리이고 다른 여러 종이 있다. 껍질이 까칠까칠해서 속새*처럼 나무의 면을 문질러 다듬는 데 쓸 만하다."고 했다.

《육서고》: 중국 송나라 때 대동이 지은 자서다.
속새: 양치식물의 하나. 뻣뻣한 줄기를 목재나 뿔 등의 광을 내는 데 쓴다.

93

이상은 모두 바다 사어를 가리킨다. 새끼 사어는 모두 알이 아니라 배에서 태어나며 어미 배 속에서 들락날락한다. 심회원은 《남월지》*에서 "환뢰어는 작어를 말한다. 길이는 10척 정도이고 배에 두 개의 굴이 있어서 여기에 물을 담아 새끼를 기른다. 배 하나에 새끼 두 마리를 품는다. 새끼는 아침에 어미의 입에서 나왔다가 저녁에 다시 배로 들어간다."고 했다. 《유편》과 《본초강목》에서도 모두 이처럼 말하고 있으니 작어가 곧 바다의 사어임을 알 수 있다.

고사膏鯊　곱상어

속명은 기름사다. 큰 놈은 길이가 7~8척 정도다. 몸통이 길고 둥글며 재와 같은 회색을 띤다. 보통 사어는 모두 회색이다. 지느러미와 꼬리 위에 각각 송곳 같은 뼈가 있고, 껍질은 모래처럼 단단하다. 간에 기름이 유달리 많지만 다른 부위도 모두 기름 덩이다. 살은 눈처럼 희다. 굽거나 국으로 먹는데, 맛이 진하다. 회나 말려서 포로 먹기에는 좋지 않다.

　보통 사어를 손질할 때는 뜨거운 물을 붓고 비비면 모래처럼 까끌까끌한 비늘이 저절로 벗겨진다. 사어의 간은 조려서 기름을 짜낸 뒤 등불을 밝히는 데 쓴다.

극치사戟齒鯊　백상아리

속명은 세우사다. 큰 놈은 20~30척이다. 죽사(까치상어)와 생김새가 비슷한데 검은 점이 없다. 회색에 약간 흰빛을 띤다. 입술부터 안쪽 잇몸까지 뾰족한

《남월지》: 중국 남북조 시대 송나라의 심회원이 남쪽 지방 사람들의 생활상을 정리한 책.

창 같은 이빨이 빽빽하게 네 겹으로 들어차 있다. 굉장히 느긋한 성질이라 사람이 낚시로도 잡을 수 있다. 어떤 사람은 "극치사는 제 이빨을 끔찍이 아껴서 낚싯줄에 이빨이 걸리면 그냥 이끌려 나온다."고 하는데 틀린 말이다. 낚싯바늘이 살을 파고들어 뼈까지 들어가도 결코 놀라거나 움직이지 않는다. 하지만 만약 낚싯바늘이 눈과 그 옆의 뼈를 건드리면 놀랍도록 심하게 뛰기 때문에 사람이 감히 다가가지 못한다. 살은 눈처럼 희다. 포를 뜨거나 살을 얇게 저며도 여전히 살이 꿈틀댄다. 맛은 굉장히 밍밍하고, 간에 기름이 없다.

기미사箕尾鯊 범고래

속명은 내안사 또는 돈소아다. 큰 놈은 50~60척이나 된다. 다른 사어들과 비슷하게 생겼지만 몸통은 완전히 검은색이다. 지느러미와 꼬리가 곡식을 까부를 때 쓰는 키 모양으로 바다 사어 가운데 가장 넓적하고 크다. 바닷가가 아니라 큰 바다에 산다. 비가 내리기 전 떼로 몰려나와 고래처럼 물을 뿜기 때문에 배가 무서워 가까이 다가가지 못한다.

▶옛 책을 살펴보건대, 《사기》*의 진시황 시대 편을 보면 "신선이 되고자 도를 닦는 사람이었던 서시*와 그 무리는 바다로 나가 불로초를 구하려고 몇 년을 헤맸으나 구하지 못하자 거짓말로 '봉래*에서 불로초를 구할 수는 있었지만 큰 사어를 만나서 온갖 괴로움과 어려움을 겪어 힘들었습니다.'라고 했다."

《사기》: 중국 한나라의 사마천이 상고 시대부터 전한 무제까지를 기록한 역사책이다.
서시: 서불 또는 서복이라고도 한다. 진시황의 명을 받아 3천 명을 이끌고 불로초를 구하러 바다 끝으로 떠났다가 돌아오지 않았다는 이야기가 전해 온다.
봉래: 중국의 전설에 나오는 신령스러운 산 중의 하나.

고 기록되어 있다. 〈조수고〉*에서는 "바다 사어 가운데 호두사는 몸통이 온통 검다. 큰 놈은 200근이 넘는데, 봄철이면 그믐날 바다 근처의 산기슭에 올라서 열흘을 보내고 호랑이로 변신한다."고 했다. 이 모두가 기미사를 가리키는 말이다. 단, 호랑이로 변한다는 설은 실제로 확인된 바가 없다. 《술이기》*에서는 "물고기호랑이를 뜻하는 '어호'가 늙으면 큰 사어를 뜻하는 '교어'로 변한다."고 했다. 《본초강목》을 쓴 이시진은 "'녹사'라는 사어는 사슴으로 변할 수 있고, '호사'라는 사어는 호랑이물고기가 변한 것"이라고 했다. 그렇다면 사어는 원래 변하는 성질이 있다는 말이 된다. 하지만 이런 일을 명확하게 밝힌 적은 없다.

검어 黔魚

검어(조피볼락), 박순어(볼락), 적박순어(불볼락), 정어(쏨뱅이), 조사어(아귀), 석어(미역치) 등이 있다.

조사어 釣絲魚   아귀

속명은 아구어다. 큰 놈이 2척 정도다. 생긴 모양이 올챙이와 비슷하다. 입이 매우 커서 쩍 벌리면 얼굴 전체를 차지한다. 붉은색이다. 입술 위쪽 끝에 낚싯대처럼 생긴 것이 두 개 있다. 크기는 몸에 놓을 때 쓰는 침만 하고, 길이는

〈조수고〉: 중국 명나라 때 신무관이 지은 《화이화목조수진완고》 중의 한 편.
《술이기》: 중국 남북조 시대 양나라의 임방이 지은 책으로 기이하고 이상한 이야기를 모았다.

4~5촌이다. 이 대 끝에 낚싯줄이 있는데 굵기가 말의 갈기나 꼬리털만 하다. 줄 끝에는 밥알 같은 하얀 미끼가 달려 있다. 그 미끼를 살랑거리고 있으면 다른 물고기가 먹잇감으로 알고 다가온다. 그때 낚아채서 잡아먹는다.

접어 鰈魚

납작한 모양의 물고기로 접어(넙치), 소접(가자미류), 장접(서대류), 전접, 수접, 우설접(서대류), 금미접(참가자미), 박접(박대) 등이 있다.

접어   넙치

속명은 광어다. 큰 놈이 길이가 4~5척 정도고 너비는 2척 남짓 된다. 몸통은 넓고 두께는 얇다. 두 눈이 왼쪽에 몰려 있고, 입은 세로로 갈라져 있으며, 꽁무니가 입 아래에 있다. 창자는 작은 종이함처럼 생겼고, 방이 두 개 있다. 두 개의 알집이 있다. 가슴에서 등뼈 사이를 지나 꼬리에 이르기까지 등은 검고 배는 하얗다. 비늘이 아주 잘며, 맛은 달고 짙다.

▶청이 살펴보건대, 우리나라를 접어가 많이 나는 지역이라고들 한다. 그러므로 접어는 동방의 물고기라고 할 수 있다. 중국의 《후한서》*에 "비목어는 다른 말로 '접'이라고 하는데 지금 강동에서는 '판(판자)어'라고 부른다."고 되어 있다. 《이물지》*에서는 "이른바 '약엽(대나무 잎)어'인데 사람들은 '혜저(신

《후한서》: 중국 남북조 시대 송나라의 범엽이 쓴 후한의 역사책.
《이물지》: 중국 한나라 때 양부가 지은 책.

발)어'라고 부른다."고 했다. 《임해지》에서는 '비사(짚신)어'라고 하고, 《풍토기》에서는 '노교(짚신)어'라고 한다. 아마도 납작하고 한쪽만 있기 때문에 이런 여러 이름이 있는 것 같다.

    하지만 모두 잘못 안 것이다. 지금 우리나라 바다에는 크고 작은 여러 종류의 접어가 있는데 부르는 이름은 각각 다르지만, 다들 한 개체가 혼자 다니고 암컷과 수컷이 따로 있다. 눈 두 개가 한쪽으로 치우쳐 붙어 있으며, 입은 하나인데 세로로 갈라져 있다. 한쪽 면에 눈, 코, 입 등이 몰려 있어 몸통의 반쪽처럼 보이기 때문에 나머지 반쪽이 없다면 이상할 것 같지만, 실제로는 두 쪽이 짝을 이루어 다니는 것이 아니다. 《이아》에서는 "동방에 비목어가 있으니 몸통 두 쪽이 눈을 나란히 합치지 않으면 다니지 못한다. 그 이름이 접이다."라고 했다. 곽박이 이것을 풀어 쓰기를 "생김새는 소의 비장*과 비슷하다. 비늘이 잘고, 자줏빛을 띠면서도 검다. 눈이 하나라서 다른 쪽 몸통과 합쳐져야 다닐 수 있다. 지금도 물속에 많다."고 했다. 좌사의 《오도부》에서는 "가자미과의 '개' 두 마리를 통발로 잡았다."고 했고, 이것을 풀어 썼는데 "좌우 한 쪽씩 모여 합쳐진 개는 눈이 각각 하나다. 이 물고기가 바로 비목어이다."라고 했다. 사마상여*는 〈상림부〉라는 시에서 "우우와 허와 납이 있다."고 했는데, 곽박의 해설을 보면 "허는 비목어를 말한다. 생김새는 소의 비장과 비슷한데, 두 마리가 하나로 합쳐져야 다닐 수 있다."고 했다. 《본초강목》의 이시진은 "비는 '나란히 하다'라는 말이다. 이 물고기는 각각 눈이 하나라서 서로 나란히

비장 : 척추동물의 내장 중 하나. 위의 왼쪽이나 뒤에 붙어 있다.
사마상여 : 중국 한나라의 문장가로 글을 잘 지어 한무제의 사랑을 받았다고 알려졌다.

짝을 이루어 다닌다. 단씨의 《북호록》*에서는 '겸'이라고 했다. '겸'은 '겹치다, 포개다'라는 뜻이다."라고 했다. 또 "두 쪽이 서로 합쳐서 다니는데 합한 것의 반쪽은 밋밋하고 비늘이 없다."고 했다.

보통 이는 모두 접어를 본 적도 없이 어떻게 생겼는지 알지 못하고 상상해서 말한 것이다. 접어는 분명히 한 개체에 눈이 두 개이고, 혼자서 다닌다. 아래쪽이 배이고 위쪽이 등이며, 혼자 완전한 하나의 몸통이고, 두 마리가 합쳐 하나로 다니지 않는다. 이시진이 예전 자신의 주장을 넓혀 설명하기를 "합쳐진 것의 반쪽은 밋밋하고 평평해서 비늘이 없다."고 하면서 마치 실제로 본 것처럼 썼지만, 실제로 보고 쓴 글은 아니다.

《회계지》*에서는 비교적 정확히 이야기하고 있다. "월나라 왕이 물고기를 먹다가 반도 못 먹고 버렸더니 이것이 물속에서 한 면만 있는 물고기로 변했다. 이 물고기를 '반면어'라고 하는데, 곧 접어이다. 반쪽 면으로 혼자서 다니는 것이지 두 마리가 나란히 붙어 다니는 것은 아니다."라고 했다. 《이아》에 나온 말을 곽박이 풀어 쓰기를, 접어는 왕이 남긴 물고기라는 뜻의 '왕여어'라고 했다. 또 《이어찬》에서는 "비목어는 다른 말로 왕여어라고 부른다. 두 쪽이 있는 것처럼 보이지만 실은 같은 물고기 한 마리이다."라고 했다. 그러나 왕여어는 회잔어(뱅어)지 접어는 아니다. 곽박이 잘못 안 것이다. 《정자통》에서는 "비목어는 '판(판자)어'인데 사람들이 '반(가자미)'으로 바꿨다."고 했다.

《북호록》: 중국 당나라 때의 학자 단씨가 지은 책으로 광동 지역의 특산물과 사회상이 담겼다.
《회계지》: 중국 송나라 때 시숙 등이 지은 지리서.

소구어 小口魚

소구어 망상어

속명은 망치어다. 큰 놈은 1척 정도다. 강항어(참돔)와 비슷하게 생겼지만 위로 높다. 입이 작고, 몸통은 하얀색이다. 알이 아니라 태로 새끼를 낳는다. 살이 부드럽고 맛이 좋다.

도어 魛魚

도어(웅어)와 해도어(반지)가 있다.

도어 웅어

속명은 위어다. 크기가 1척 정도다. 소어 즉 해도어와 생김새가 비슷하지만 꼬리가 훨씬 길다. 색이 희다. 맛이 굉장히 달고 진해서 횟감으로 매우 좋다.

▶ 청이 살펴보건대, 오늘날 위어는 강에서 나고 소어는 바다에서 나지만, 이 둘은 한 종류로 도어의 일종이다. 《이아》에 나오는 "열은 멸도다."에 대해 곽박이 설명하기를, "멸도는 지금의 제어를 말하고, 제어는 도어를 일컫는다."고 했다. 《본초강목》에서는 "제어(鱭魚)는 제어(鮆魚), 열어, 멸도, 도어, 수어 등으로 달리 부를 수 있다. 위나라 무제의 《식제》에서는 이것을 망어라고도 했다."고 했다. 형병*은 "이 물고기는 구강*에 산다."고 했다.

이시진은 "제어는 강이나 호수에 살고 매년 3월에 나오기 시작하는데 좁다란 몸통에 나무판을 깎은 듯이 길고 얇은 모양이라 꼭 뾰족한 칼처럼 보인다.

비늘은 잘고 흰색이다. 살 속에 잔가시가 많다."고 했다. 《회남자》*에서는 "제어는 끓여서 국물을 마실 뿐 살을 먹지는 않는다."고 했다. 또 《이물지》에서는 "수어는 초여름에 바다에서 물을 거슬러 위로 올라온다. 길이는 1척 정도 되고, 배 아래가 칼과 같은 모양을 하고 있다. 새가 변해서 된 물고기다."라고 했다. 이상을 모두 합쳐 보면 위어가 바로 도어이고 제어임을 알 수 있다. 《역어유해》에서는 칼 도(刀)를 써서 '도초어'라고 했다.

망어 蟒魚
망어(삼치)와 황어(부시리)가 있다.

망어 삼치

속명도 망어다. 큰 놈이 8~9척 정도 된다. 몸통이 둥글고 3~4위*다. 머리와 눈이 작고, 비늘이 아주 잘다. 등은 검은색을 띠는데 마치 이무기*의 검은 무늬와 비슷하다. 벽문어(고등어)와 비슷하지만 크기가 더 크다. 매우 날쌔고 튼튼해서 도망칠 때는 몇십 척을 뛸 수도 있다. 맛은 시고 진해서 좋지 않다.

▶청이 살펴보건대, 《역어유해》에서 "발어는 망어라고도 부른다."고 했는

형병 : 여러 책에 설명을 달았던 중국 송나라 때의 주석가.
구강 : 중국 장시성 북부, 양쯔강과 포양호가 이어지는 곳의 항구 도시.
《회남자》 : 중국 전한의 회남 왕인 유안이 편찬한 철학서.
위(圍) : 둘레를 잴 때 쓰는 단위. 양손의 엄지와 검지를 서로 맞대어 둥글게 만든 모양의 길이, 양팔을 맞대어 둥글게 만든 모양의 길이 두 가지가 있는데, 여기서는 앞의 의미다.
이무기 : 커다란 구렁이.

데, 이 망어가 우리가 말하는 망어다. 《집운》*에서 "위어는 뱀과 비슷하다."고 했고, 《옥편》*에서는 "야어는 뱀과 비슷하며 길이가 10척이다."라고 했다. 여기서 위어나 야어는 지금의 망어와 비슷한 종류다.

청익어 青翼魚
청익어(성대)와 회익어(양태 또는 돛양태)가 있다.

청익어   성대

큰 놈은 2척 정도 된다. 목덜미 부분이 매우 크고 모두 뼈로 되어 있다. 머리에는 살이 없고 몸통이 둥글다. 입 양옆으로 수염이 두 개 있는데 굉장히 파랗다. 등은 붉은색이고, 옆구리에 날개가 있는데 선명한 파란색이다. 날개는 부채처럼 크고 접었다 폈다 할 수 있다. 맛은 달다.

《집운》: 중국 송나라 인종 때 정도, 계숙 등이 편찬한 음운서.
《옥편》: 중국 남북조 시대 양나라의 학자 고야왕이 편찬한 자전.

비어 飛魚

비어 날치

속명은 날치어다. 큰 놈이 2척이 못 된다. 몸통이 둥글고 푸른색이다. 새처럼 날개가 있는데 선명한 푸른색이다. 날개를 펴서 날면 수십 보를 갈 수 있다. 맛은 굉장히 싱겁다. 망종* 때 해안으로 모여들어 알을 낳는다. 어부들은 이 시기 밤에 횃불을 밝히고 쇠로 만든 작살로 비어를 잡는다. 홍의도와 가가도*에서만 나지만 흑산에서도 간혹 볼 수 있다.

▶청이 살펴보건대, 비어는 가치어(숭어)와 모양이 비슷하지만 가치어와 달리 지느러미가 날개 역할을 해서 날 수 있다. 밝은 것을 좋아해서 어부들은 밤중에 횃불을 밝히고 그물을 친다. 그러면 비어가 떼를 지어 그물로 날아 들어 온다. 어쩌다가 사람들과 실랑이를 하다가 날아가면 들판에 떨어지기도 한다. 이 물고기를 '문요어'라고 부른다.

《산해경》*에 나오기를, "관수는 서쪽 사막 지역으로 흘러 들어가는데 그곳에 문요어가 많다. 모양은 잉어와 같은데 물고기 몸에 날개가 있으며, 푸른 무늬와 흰 머리, 붉은 주둥이를 가지고 있다. 밤에 날면 소리가 꼭 난새*와 같다."고 했다. 《여씨춘추》*에서는 "관수의 물고기를 '요'라고 한다. 생김새는 잉

망종 : 24절기 중 하나. 양력 6월 6일, 7일에 해당하며, 곡식의 종자를 뿌릴 적당한 시기를 뜻한다.
홍의도, 가가도 : 지금의 전라남도 신안군 흑산면의 홍도와 가거도를 이른다.
《산해경》 : 고대 중국의 지리서.
난새 : 중국의 전설에 나오는 상상 속의 새.
《여씨춘추》 : 중국 진나라의 여불위가 학자들에게 편찬하게 한 역사에 대한 책.

어와 비슷하지만 날개가 있다. 서쪽 바다에서 날아가 동쪽 바다에서 논다."고 했다. 《신이경》*에서는 "동남쪽 바다 한가운데에 따뜻한 호수가 있는데 그 안에 요어가 산다. 길이가 8척 정도다."라고 했다. 좌사의 《오도부》에는 "문요는 밤에 날다가 그물에 걸린다."고 되어 있다. 《임읍기》에서는 "비어는 몸이 둥글고, 큰 놈이 10척 정도 된다. 지느러미는 매미와 비슷하고, 바닷속에서 나와 날 때는 떼를 지어 다닌다. 수풀이 우거진 곳에서 놀다가 날아서 바닷속으로 들어가면 바다의 맨 밑바닥을 헤엄쳐 간다."고 했다. 《명일통지》*에서는 "중국 섬서 지방 호현의 노수라는 곳에서 비어가 나온다. 생긴 것은 붕어와 비슷하다. 비어를 먹으면 치질이 낫는다."고 했다. 이런 여러 가지 설에 따르면 동, 서, 남쪽 세 지방에 모두 문요어가 있다. 고황이 신라로 가는 관리에게 쓴 〈송종형사신라시〉라는 시에서는 "문요어가 남쪽 큰 바다에 큰 날개를 드리우고, 서해의 물을 마시는구나."라고 했다. 아마 우리나라의 바다에 문요어가 있기 때문에 이 시를 지은 것 같다.

《습유기》*에는 "신선 영봉이 비어를 먹고 죽었다가 200년 뒤에 다시 살아났다."는 말이 나오고, 《유양잡조》*에서는 "낭산에 있는 낭수에 물고기가 사는데 길이는 1척이 넘고, 날 수가 있다. 한번 날면 구름을 넘나들고, 내려오면 연못 바닥으로 돌아온다."고 했다. 이런 이야기들은 굉장히 이상하고 터무니없게 들리지만 여기서 말하는 비어는 문요어를 가리키는 것이 틀림없다.

《신이경》: 중국 한나라 때 동방삭이 지은 책. 전설, 신화 등 기이한 이야기를 담았다.
《명일통지》: 중국 명나라 때 이현 등이 지은 지리서.
《습유기》: 중국 후진 때 왕가가 기괴한 전설을 모아 엮은 소설.
《유양잡조》: 중국 당나라 때 단성식이 지은 수필집으로 이상한 이야기들을 모아 엮었다.

또 《산해경》에서는 "동수라는 곳에는 '활어'가 많은데 분명 생김새는 물고기인데 날개가 있어 물에 들어가고 나올 때 빛이 난다."고 했다. 또 "효수는 서쪽으로 흘러서 황하로 들어가는데, 그 안에 '습습'이라는 물고기가 많다. 습습은 까치와 비슷한 모습인데 날개가 열 개나 되고 비늘이 날개 끝에 있다."고 했다. "저산이라는 곳의 물고기는 모양이 소와 같고 뱀과 비슷한 꼬리를 가지고 있으며 날개가 있다. 깃털이 옆구리의 아래쪽에 있기 때문에 '겨드랑이 물고기'라고 한다."고 했다. 이상의 물고기들은 모두 비어를 가리킨다. 다만 《산해경》에서 말하는 것들 모두가 실제로 존재하는 것은 아니다.

이어 耳魚

이어(노래미)와 서어(쥐노래미)가 있다.

이어 노래미

속명은 노남어다. 큰 놈은 2~3척이다. 몸통이 둥글고 길다. 비늘이 잘고 색은 누렇고, 어떤 것은 검은 빛을 띠기도 한다. 머리에 귀가 두 개 있는데 파리 날개처럼 생겼다. 맛은 밍밍하다. 돌 틈에서 산다.

전어箭魚

전어 전어

속명도 전어다. 큰 놈이 1척 정도다. 몸통이 납작하고 위로 높다. 색은 검푸르다. 기름기가 많아 맛이 달고 진하다. 흑산도에서도 가끔 나지만 육지 근처에서 나는 것만 못하다.

편어扁魚

편어 병어

속명은 병어다. 큰 놈이 2척 정도 된다. 머리가 작고 목이 따로 없이 몸통에 붙어 있다. 꼬리가 짧고 등이 볼록하며 배가 튀어나왔다. 상하좌우가 모두 튀어나와 있어서 길이와 높이가 얼추 비슷하다. 입이 굉장히 작고, 색은 희면서도 푸르다. 맛이 달다. 뼈가 부드러워서 회나 구이로 좋고 국으로도 좋다. 흑산에 가끔 나타난다.

▶청이 살펴보건대, 지금의 병어는 옛 책에 나오는 방어가 아닌 듯하다. 《시경》*에는 "방어의 꼬리가 붉어진다."는 말이 나온다. 《이아》에서 "방어는 비어다."라고 한 것을 곽박이 다음과 같이 해석했다. "강동에서는 방어를 편어라고 불렀으며 다른 말로 비어라고도 했다." 육기*는 〈시소〉에서 "방어는 넓적하고 얇다. 느긋하고 힘이 별로 없고 비늘이 잘다. 물고기 중 맛이 좋은 편이다."라고 했다. 《정자통》에는 "방어는 머리가 작고 몸에 붙어 있으며, 배는 넓고, 등골이 활 모양을 이루고 있다. 비늘이 잘고 색이 푸르면서 희다. 뱃살이 매우 기름지다."라고 되어 있다. 이시진은 《본초강목》에서 "방어는 배가 넓적하고 몸통이 납작하다. 맛은 매우 고소하다. 흐르는 물에서 잘 논다."고 했다. 이런 의견들을 합쳐 보면 방어의 모양은 병어와 거의 흡사하다.

그러나 방어는 민물에 사는 물고기다. 《시경》에서 "물고기를 먹는데 꼭 황하의 방어냐."라고 했다. "이수와 낙수의 잉어와 방어는 소나 양만큼이나 맛이 있다."고 민간에서 떠도는 말이 있으며, 또 "양식이라는 땅은 사람이 살기에 최고이고, 양수라는 강은 방어가 최고다."라는 말도 있다. 《후한서》의 〈마융전〉 주석에는 "한수의 편어가 매우 맛있어서 사람들이 잡는 것을 금지하고 뗏목으로 물을 막았다. 그래서 편어를 '뗏목 근처의 목이 없는 편어'라고 했다."고 나온다. 지금까지의 황하, 이수나 낙수, 양수, 한수는 모두 바다가 아니라 강이다. 그렇다면 방어는 민물고기다.

병어가 민물에서 산다는 말은 들어 보지 못했다. 《산해경》에서만 "큰 편어

《시경》: 유학 오경의 하나. 중국에서 가장 오래된 시집으로 공자가 편찬했다고 전해지지만 알 수 없다.
육기 : 중국 선진 때의 문인으로 육조 시대 화려한 시풍의 선구자였다.

는 바다에 산다."고 했고, 이것을 해석하기를 "편어가 곧 방어다."라고 했다. 《본초강목》에서 이시진은 "큰 놈은 20~30근에 이르는 것도 있다."고 했다. 여기에 따르면 방어는 바다에서 사는 것도 있다. 하지만 병어 중에는 그렇게 큰 놈을 본 적이 없으니 그 말도 뭔가 이상하다.

추어 鰍魚
추어(멸치), 대추(정어리), 단추(밴댕이), 소비추(까나리), 박추(매퉁이) 등이 있다.

추어 멸치

속명은 멸어다. 몸통이 극히 작아서 커 봐야 3~4촌이다. 색은 청백색이다. 6월에 나오기 시작해서 상강*이면 사라진다. 밝은 빛을 좋아하기 때문에 어부들이 밤마다 횃불을 밝혀 움푹한 곳으로 유인한 다음 뜰채로 떠서 잡는다. 국으로 끓이거나 젓갈을 담그기 좋고, 말려서 포로 만들거나 다른 물고기를 잡을 때 미끼로 쓰기도 한다. 가가도에서 나는 놈들은 상당히 크다. 겨울에도 잡는다. 그러나 이 지역의 추어는 강원도 지방에서 잡는 것만 못하다.

▶청이 살펴보건대, 오늘날 멸어는 젓갈을 담그거나 말려서 여러 가지 반찬에 쓰이기 때문에 선물로 흔하다. 《사기》에서 "추 1000석"이라고 했는데, 그 해석을 "추는 여러 작은 물고기를 말한다."고 했고, 《설문해자》에서 "추는 흰 물고기다."라고 했다. 《운편》에서는 "추는 작은 물고기다."라고 했다. 멸어가 바로 이 추에 해당한다.

상강: 24절기 중 하나. 양력 10월 23일경으로, 아침과 저녁의 기온이 내려가고, 서리가 내리기 시작할 무렵이다.

대두어 大頭魚

대두어(문절망둑 또는 풀망둑), 철목어(짱뚱어 또는 말뚝망둑어), 석자어(쑤기미) 등이 있다.

대두어　문절망둑 또는 풀망둑

속명은 무조어다. 큰 놈이 2척이 조금 못 된다. 머리와 입이 모두 크고 몸이 가늘다. 누르스름하면서도 검다. 맛은 달고 진하다. 밀물과 썰물이 오고 가는 곳에서 주로 논다. 둔하고 사람을 두려워하지 않아서 낚시로 잡기가 굉장히 쉽다. 겨울에는 갯벌을 파고 들어가 겨울잠을 잔다. 자기 어미를 먹기 때문에 조상이 없다는 뜻의 '무조어'라고 부른다. 흑산도에서 가끔 나지만 먹을 정도로 많지는 않다. 육지 가까이에서 잡은 놈들이 통통하고 맛이 좋다.

이 지역에서 '덕음파'라고 부르는 이보다 더 작은 놈은 5~6촌 정도 된다. 머리와 몸통이 비슷하다. 이 역시 누르스름하면서도 검다. 뭍이 가까운 얕은 바다에 산다.

2권
비늘이 없는 어류와 껍데기가 있는 바다 생물들

비늘이 없는 어류

분어 鱝魚

분어(참홍어), 소분(새끼 참홍어 또는 홍어), 수분(홍어), 청분(색가오릿과의 일종), 흑분(묵가오리의 일종), 황분(노랑가오리), 나분(쥐가오리), 응분(매가오리) 등이 있다.

분어 참홍어

속명은 홍어다. 큰 놈은 너비가 6~7척이다. 암컷이 크고 수컷이 작다. 몸통은 연잎과 비슷하고 색은 검붉다. 매끌매끌한 코가 머리 쪽에 있는데 아래쪽은 두툼하고 끝은 뾰족하다. 코를 중심으로 바닥 쪽에 입이 있는데, 가슴과 배

사이에 가로로 곧게 나 있다. 등 쪽에 코 뿌리가 있고 코 뒤에 눈이 있다. 꼬리는 돼지 꼬리와 비슷한데 두둑하게 올라온 부분을 따라 가시가 불규칙적으로 나 있다.

수컷은 음경이 둘인데 뼈로 이루어져 있고 굽은 칼 모양이다. 음경 끝에는 정자 주머니가 있다. 분어의 날개 양쪽에는 잔가시들이 있는데 교미를 할 때 이 가시로 암컷이 움직이지 못하게 한다. 더러 암컷이 낚시를 물고 있을 때 수컷이 다가와 교미를 할 때가 있는데 이때 낚시를 들어 올리면 수컷도 따라 올라와 둘 다 잡을 수 있다. 암컷은 먹이를 욕심내다 죽고, 수컷은 음란함 때문에 죽었으니 음란함이 지나친 사람은 이것을 보고 조심하

는 마음을 가져야 할 것이다.

　암컷에게는 새끼를 낳는 구멍 외에 다른 구멍이 하나 더 있는데, 안으로 세 개의 구멍과 통해 있다. 그중 가운데 구멍은 내장과 통하고 양쪽 두 개는 태보가 된다.* 태보 위에는 알과 비슷한 것이 있는데 이 알이 점점 줄어들어 사라지면 태가 생기고 새끼가 된다. 각각의 태에서 네다섯 마리가 생긴다. 사어 역시 새끼 낳는 구멍은 하나지만 속으로 세 개가 있어 이와 같다.

　동지 이후에 잡기 시작해서 입춘* 전후가 되면 살이 오르고 커져서 맛이 좋다가 3~4월이 되면 다시 몸이 마르고 맛이 떨어진다. 회, 구이, 국, 포 할 것 없이 모두 맛있다. 나주 인근 사람들은 삭힌 분어를 즐겨 먹으니 보통 사람들과 식성이 다르다. 가슴과 배에 혹이 생겨 오랫동안 병을 앓은 사람이 삭힌 분어로 국을 끓여 먹으면 나을 수 있다. 또 술에 취해 시달릴 때 먹으면 쉽게 가라앉는다. 뱀은 분어를 싫어하기 때문에 분어 씻은 물을 버린 곳에는 뱀이 얼씬도 하지 않는다. 보통 뱀에 물린 곳에 분어 껍질을 붙이면 효험이 있다.

　▶청이 살펴보건대, 《정자통》에서 "분어는 모양이 큰 연잎처럼 생겼고, 꼬리가 길며, 입이 배 아래쪽에 있고, 눈은 이마 위에 있다. 꼬리가 길고 마디가 있으며 사람을 찌른다."고 했다. 《본초강목》에서는 "해요어는 소양어, 하어, 분어이고, 포비어, 번답어, 석려라고도 부른다."고 했다. 이시진은 "생김새가 쟁반이나 연잎과 같다. 큰 놈은 둘레가 7~8척이다. 다리와 비늘이 없다. 살

새끼 낳는 홍어 : 홍어는 알을 낳는데, 새끼를 낳는다고 한 것은 잘못되었다. 다른 가오리 종류와 착각한 듯하다.
입춘 : 24절기 중 하나. 양력 2월 4일경으로 봄이 시작된다는 때다.

속의 뼈가 모두 마디마디 연이어 나란히 있으나 무르고 연해서 먹을 수 있다." 고 했다. 이는 모두 홍어를 설명하는 말이다. 《동의보감》*에는 홍어가 '공어(魟魚)'라고 적혀 있다. 그러나 공(魟)은 물고기 새끼나 알 뭉치를 가리키는 말이니 잘못된 것 같다.

해만리 海鰻鱺

해만리(뱀장어), 해대리(붕장어), 견아리(갯장어), 해세리(개소갱) 등이 있다.

해만리　뱀장어

속명은 장어다. 큰 놈은 10척 정도다. 생긴 것은 이무기와 비슷한데 이보다 더 크고 길이는 짧다. 색은 옅은 검은색이다. 보통 물고기들은 뭍으로 나오면 도망가지 못하는데 해만리는 뱀처럼 도망칠 수 있으니 머리를 자르지 않으면 다루기 힘들다. 맛이 달고 진하며, 사람 몸에도 좋다. 오랫동안 설사에 시달리는 사람이 해만리를 넣어 쑨 죽을 먹으면 설사가 멎는다.

▶청이 살펴보건대, 일화자*는 "해만리는 다른 말로 하면 자만리, 구어다. 동해에서 살고 만리(장어)의 일종이지만 그보다는 크다."고 했다. 이 해만리가 여기서 우리가 말한 해만리다.

《동의보감》: 조선 시대에 허준이 우리나라와 중국의 의서를 집대성해 편찬한 의학 책이다.
일화자 : 중국 당나라 시대의 학자로 동식물의 약효를 연구했다. 성이 대이고 이름이 명이라 자신의 책에 《대명본초》라는 이름을 붙였다.

견아리犬牙鱺　갯장어

속명은 개장어다. 주둥이가 돼지와 비슷하게 길고, 이빨은 개처럼 듬성듬성 나 있다. 뼈가 굉장히 단단하다. 사람을 삼킬 수도 있다.

해만리 종류는 사계절 내내 나는데, 겨울에는 낚시에 걸리지 않는 것으로 보아 굴에서 겨울잠을 자는 것 같다. 새끼는 알에서 난다고도 하고, 태에서 난다고도 하는데, 간혹 어떤 사람은 뱀이 변한 것이라고도 한다. 이상하지만 이를 실제로 본 사람이 많다고 한다. 한데 이 물고기는 굉장히 번식을 잘해서 보통 굴속에서 몇백, 몇천 마리까지 무리를 이룬다. 이렇게 많으니 비록 뱀이 변한 것이 있다 하더라도 모두 그런 것은 아닐 것이다. 장창대는 "예전에 태사도 사람이 해만리 배 속에 실로 구슬을 꿰어 놓은 것 같은 알들이 있는데 꼭 뱀의 알 같았다고 말하는 것을 들은 적이 있습니다."라고 했다. 실제로 보았다니 알과 태, 뱀이 변한 것 중 어떤 것이 맞는 말인지 확실하게 밝히지 못하겠다.

▶청이 살펴보건대, 조벽공은 《잡록》에서 "만리어는 수컷만 있고 암컷은 없다. 예어(가물치)가 나타나면 만리어의 새끼들이 예어의 가슴지느러미에 붙어 살기 때문에 만례라고 부른다."고 했다. 민물에 사는 놈들에게는 이 말이 맞을지 몰라도 바다에 사는 놈들에게는 있을 수 없는 일이다. 왜냐하면 바다에는 예어가 없기 때문에 가슴지느러미에 붙어살 수가 없다. 그러니 이 말도 확실한 것은 아니다.

해점어 海鮎魚

해점어(꼼치), 홍점(베도라치), 포도점(그물베도라치), 장점(등가시치) 등이 있다.

해점어   꼼치

속명은 미역어다. 큰 놈은 2척 정도 된다. 머리는 크고 꼬리로 갈수록 크기가 줄어든다. 눈이 작다. 등은 푸른색이고 배는 누렇다. 민물에서 사는 놈은 누렇고 수염이 있는데, 바다에서 사는 해점어는 수염이 없다. 살이 아주 연하고, 뼈도 무르다. 맛은 밍밍하고 좋지 않다. 술을 마셔서 생긴 병에 이것을 먹으면 나을 수 있다. 삭히지 않고 삶으면 살이 모두 녹아 없어지므로, 살을 먹으려면 삭기를 기다려야 한다.

포도점 葡萄鮎   그물베도라치

속명도 포도점이다. 큰 놈이 1척 정도 된다. 홍점과 비슷하게 생겼는데 눈이 튀어나왔고, 색은 검다. 알이 꼭 녹두처럼 생겼는데 이것들을 모아 품고 있으면 꼭 닭이 알을 품은 것 같다. 암컷과 수컷이 함께 알을 품고서 돌 틈에 누워 있으면 알이 새끼로 변한다. 아이가 침을 과하게 흘릴 때 포도점을 구워서 먹이면 효험이 있다.

돈어魨魚 복

속명은 복전어다. 검돈(자주복), 작돈(까치복), 활돈(밀복 또는 매리복), 삽돈(까칠복), 소돈(복섬), 위돈(가시복), 백돈 등이 있다.

검돈黔魨 자주복

속명은 검복이다. 큰 놈이 2~3척 정도 된다. 몸통이 둥글고 짧다. 입이 작고 이빨이 겹쳐 나 있으며 아주 단단하다. 화가 나면 배가 부풀어 오르고 이를 갈며 소리를 낸다. 껍질이 단단해서 물건을 쌀 수도 있다. 맛이 달고 진하며, 여러 돈어 중 독이 제일 적은 편이다. 푹 삶아서 기름과 섞어 먹는다. 익힐 때는 그을음이 들어가지 않도록 대나무를 땔감으로 써야 한다.

▶청이 살펴보건대, 여러 동식물의 약효에 관한 책들에서 검돈을 하돈이라고 하고, 후이, 후태, 호이, 규어, 혹은 규라고도 부른다. 또 진어, 취두어, 기포어라고도 한다. 마지*는 "하돈은 양자강, 회수, 황하, 바다에 모두 산다."고 했다. 진장기*는 "배가 희고 등에는 붉은색 길이 도장처럼 찍혀 있다. 눈을 떴다 감았다 할 수 있다. 뭔가 닿기만 해도 화를 내며 배가 공처럼 부풀어 떠오른다."고 했다. 이시진은 《본초강목》에서 "생김새는 올챙이 같고 등은 희면서도 푸르스름하다. 배가 불룩한 것을 빗대어 중국 춘추 시대 월나라의 미인인 서시의 가슴이라는 뜻으로 '서시유'라고 한다."고 했다. 위의 모두가 돈어에 대한 설명이다.

작돈鵲鲀 까치복

속명은 가치복이다. 몸통이 조금 작고 등에 얼룩무늬가 있다. 독이 지극히 세서 먹을 수 없다.

▶청이 살펴보건대, 이시진은 《본초강목》에서 이렇게 썼다. "돈어 중 선명한 검은색에 점점이 무늬가 있는 놈을 반어라고 하는데 독이 가장 강하다. 어떤 사람은 '3월 이후에는 돈어가 반어가 되므로 먹을 수 없다.'고 했다." 이것이 지금 말한 작돈을 설명하는 말이다. 보통 돈어는 모두 독이 있다. 진장기는

마지 : 중국 송나라 때의 학자. 《개보본초》라는 동식물 약학 책을 지었다.
진장기 : 중국 당나라 때의 학자. 《본초습유》를 지었다.

"바다에 사는 놈이 가장 독이 세고, 강에 사는 놈이 그다음이다."라고 했다. 구종석*은 "맛이 아주 좋지만 손질을 제대로 하지 않으면 이것을 먹고 죽을 수도 있다."고 했다. 돈어의 간과 알에는 모두 지독한 독이 있다. 진장기가 "입에 들어가면 혀를 문드러지게 하고 배로 들어가면 장을 문드러지게 한다. 해독할 약이 전혀 없다."고 한 말을 기억해야 할 것이다.

오적어 烏賊魚
오적어(갑오징어)와 유어(살오징어)가 있다.

오적어 갑오징어

큰 놈은 지름이 1척 정도 된다. 몸통은 타원형이고 머리는 작고 둥글다. 머리 아래에 가는 목이 있고, 그 목 위에 눈이 있고, 머리끝에 입이 있다. 입 둘레에 다리가 여덟 개 있는데, 낚싯줄처럼 가늘고, 길이는 2~3촌을 넘지 않는다. 다리에 빨판이 있는데 앞으로 가거나 뭔가를 붙잡을 때 사용한다. 다리들 사이에서 두 개의 다리가 뻗어 나와 있는데, 유난히 길어 1척 5촌 정도 된다.

다리 끝에 붙은 둥근 꽃 모양의 빨판은 어디에 달라붙을 때 쓴다. 움직일 때는 뒤로 가지만 앞으로 갈 수도 있다. 등에 타원형의 긴 뼈가 있다. 살은 굉장히 연하고 부드럽다. 알이 안에 있다. 주머니에 먹물이 가득 들어 있는데, 어떤 것이 공격해 오면 먹물을 뿜어 앞이 보이지 않게 만든다. 오적어 먹물로 글씨

구종석 : 중국 송나라 때의 약물학자. 《본초연의》를 지었다.

를 쓰면 색이 빛나고 윤기가 있다. 단 오랜 시간이 지나면 먹이 말라 글자가 없어진다. 이때 종이를 바닷물에 적셔 주면 다시 먹의 흔적이 나타난다고 한다.

등에는 검붉은 점이 있다. 맛이 달고 아주 좋다. 회로도 좋고 말린 포로도 좋다. 오적어의 뼛가루는 상처를 아물게 한다. 또 말의 종기나 당나귀 등에 나는 부스럼에 효과가 있는데, 오적어 뼛가루가 아니면 이 병을 치료하지 못한다.

▶청이 살펴보건대, 동식물 약학 책에서 오적어는 다른 말로 오즉, 묵어, 남어라고도 한다. 뼈는 해표초라고 부른다. 《정자통》에서는 "즉이란 다른 말로 흑어다. 꼭 붓이나 벼루를 넣는 주머니 모양을 하고 있다."고 했다. 소송은 "모양이 가죽 주머니 같다. 등 위에 뼈가 하나 있고, 그 모양은 꼭 작은 배와 같다. 배 속에 피와 담즙이 있는데 먹과 같아서 붓에 묻히면 글자를 쓸 수 있다. 다만 오래 지나면 흔적이 사라진다. 먹을 품고 있어 유교의 제사나 장례 같은 의례를 안다는 뜻으로 사람들은 오적어를 '북해의 신이 죽을 때 장례를 치르는 낮은 관리'라고 불렀다."고 했다.

진장기는 "옛날 진나라 왕이 동쪽으로 여행을 다닐 때 바다에 붓과 벼루를 담는 주머니를 버렸다. 이 주머니가 물고기로 변했는데 바로 오적어다. 오적어가 주머니 모양이고 배 속에 먹을 항상 담고 있는 것도 바로 이 때문이다."라고 했다. 소식*은 〈어설〉에서 "오적어는 다른 것들이 자신을 몰래 볼까 무서워 물을 뿜어 자신을 감추는데 바다까마귀가 이것을 보고 오적어임을 알아채 잡아먹는다."고 했다. 소송은 "송과 양나라의 의학자인 도은거가 오적어는

소식 : 중국 북송 때 유명한 시인. 소동파라고 부른다.

오폭이라는 새가 변한 것이라고 했다. 오적어에는 오폭의 입과 다리가 그대로 있고 지금도 굉장히 비슷하다. 배 속에 먹이 있어 글자를 쓸 수 있다. '오즉(烏鰂)'이라고도 한다."고 했다. 또 《남월지》에서는 "오적어는 까마귀 먹기를 좋아한다. 오적어가 물 위에 떠서 죽은 척을 하면 날아가던 까마귀가 이것을 보고 죽은 줄 알고 부리로 쫀다. 그러면 오적어는 바로 까마귀를 말아 안고 물속으로 들어가 잡아먹는다. 그래서 이 물고기를 까마귀 오, 도둑 적이란 글자를 써서 '오적(烏賊)'이라고 부른다."고 했다. 이시진은 《본초강목》에서 "나원의 《이아익》*에서 말하기를 '9월에 겨울철 까마귀가 물에 들어가 물고기로 변한다. 글씨를 쓸 수 있는 먹이 배 속에 있어 '칙(則)'이란 글자와 모양새가 같다. 그래서 '오칙'이라는 이름이 붙었다.'고 했다. 즉(鰂)은 칙(則)이다."라고 했다.

지금까지 여러 이야기에서 오적어는 붓, 벼루 담는 주머니가 변한 것이라고도 하고 물을 뿜어 까마귀를 속인다고도 하고, 죽은 척을 했다가 까마귀를 낚아채서 잡아먹기에 오적이라고도 하고, 오폭이나 겨울철 까마귀가 변한 것이라고도 한다. 이 이야기들은 모두 실제로 본 것이 아니기 때문에 사실인지는 알 수 없다.

내 생각에 오적은 먹물을 품고 있어서 '검은 녀석'이라는 뜻에서 붙은 이름인 것 같다. 나중에 글자 앞에 물고기 어(魚)를 붙여 '오적(鰞鰂)'이 된 것이다. 이것을 줄여 즉(鰂)으로 쓰기도 하고, 적(鯽)으로 쓰기도 했다.

《이아익》: 단어 해설서인 《이아》의 해설서다.

장어 章魚

장어(문어), 석거(낙지), 준어(주꾸미) 등이 있다.

장어 문어

속명은 문어다. 큰 놈은 전체 길이가 7~8척 정도 된다. 동북해에서는 20척 남 짓 되는 놈들도 난다. 머리는 둥글고, 머리 아래 어깨처럼 생긴 부분에 여덟 개의 긴 다리가 나 있다. 다리 아랫부분에 국화꽃처럼 생긴 둥근 빨판이 두 줄로 나란히 나 있다. 이 빨판은 다른 것에 들러붙기 위한 것인데 한번 붙으면 몸이 끊어질지언정 절대 떨어지지 않는다. 늘 바위 아래 굴속에 숨어 있다가 빨판을 이용해 오간다. 다리 여덟 개가 빙 둘러 나 있고 그 한가운데에 구멍이 하나 있으니 그것이 장어의 입이다. 입에는 매의 부리처럼 생긴 이빨이 두 개 있는데 굉장히 단단하고 힘이 세다. 물 밖으로 나와도 죽지 않는데 이빨을 빼면 바로 죽는다. 배와 창자가 머리 안에 있고 눈이 목에 있다. 색은 불그스름하면서도 흰데 껍질막을 벗기면 눈처럼 흰색이다. 빨판이 아주 붉은색이다. 맛이 단 것이 복어(전복)와 비슷하고, 회로 먹어도 좋고 포로 말려 먹어도 좋다. 장어의 배 속에 들어 있는 것을 사람들은 온돌이라고 부르는데 이것으로 부스럼의 뿌리를 없앨 수 있다. 온돌을 갈아서 피부병이 생긴 곳에 바르면 효과가 굉장히 좋다.

▶청이 살펴보건대,《본초강목》에서 "장어는 다른 말로 장거어라고 하고 길어라고 한다."고 했다. 이시진은 여기서 "장어는 남해에서 주로 나며 오적어(갑오징어)와 생김새가 비슷하지만 그보다 크고 다리가 열 개가 아니라 여덟 개 달렸으며 다리가 달린 몸은 살이 있다."고 했다. 한유가 "장거어와 마갑주

가 괴상하게 생기기로는 1, 2등을 다툰다."고 할 때 장거어와 마갑주 모두 장어를 가리킨다.

또 《영남지》에서는 "장화어는 조주 지방에서 난다. 다리가 여덟 개이고 살이 눈처럼 희다."고 했다. 《자휘보》*에는 "《민서》*라는 책에서 장어를 다른 말로 망조어라고 불렀다."는 말이 나와 있다. 모두 장어를 가리키는 말이다.

우리나라에서는 팔초어라고 부른다. 동월*은 조선을 둘러보고 지은 책 《조선부》에서 "이 물고기는 여러 이름으로 불리는데, 금문, 이항, 중순, 팔초 등이 그것이다."라고 했다. 그리고 풀어 쓰기를 "팔초는 중국 강절 지방에서 볼 수 있는 망조다. 맛은 별로 좋지 않다. 큰 놈은 길이가 4~5척이나 된다."고 했다. 《동의보감》에서는 "팔초어는 맛이 달고 독은 없다. 몸에 여덟 개의 긴 다리가 있고 비늘은 없으며 뼈도 없다. 팔대어라고도 하는데 동북쪽 바다에서 살며 보통 부르는 이름은 문어다."라고 했다.

석거石距 낙지

속명은 낙제어다. 큰 놈은 4~5척이다. 장어(문어)와 비슷하지만 다리가 더 길다. 머리가 둥글고 길쭉하다. 갯벌의 구멍으로 들어가기를 좋아한다. 9~10월에 배 속에 쌀알 같은 알이 생기는데 먹을 수 있다. 겨울에 구멍 속에서 겨울잠을 자면서 새끼를 낳으면 새끼가 어미를 먹으며 큰다. 색은 흰색이고 맛이

《자휘보》: 중국 청나라 때 오임신이 지은 일종의 사전.
《민서》: 중국 명나라 때 하교원이 지은 일종의 백과사전.
동월: 조선 성종 때 중국 명나라에서 온 사신이다. 조선을 방문하고 땅의 생김새와 사는 모습 등을 기록해서 지은 책이 《조선부》다.

달고 좋다. 회로도 먹고 국으로 끓여 먹어도 좋으며, 말려 먹어도 좋다. 사람의 기운을 돋우는 데 좋은데, 마르고 약해서 비실거리는 소에게 석거 네다섯 마리를 먹이면 바로 튼튼하게 딛고 일어선다.

▶청이 살펴보건대, 소송은 "장어와 석거, 둘은 오적어(갑오징어)와 비슷하면서 크기만 다르다. 더 맛이 좋다."고 했다. 《영표록이기》라는 책에서 "석거

는 몸이 작고 다리가 길다. 소금을 쳐서 구워 먹으면 매우 맛이 좋다."고 했는데 우리가 말하는 낙제어를 가리킨다. 《동의보감》에서 "소팔초어는 성질이 순하고 맛이 달다. 사람들이 보통 낙제라고 부른다."고 했다. 사람들 사이에 "낙제어는 뱀과 교미하기 때문에 잘라서 피가 나오는 놈은 버리고 먹지 않는다."는 말이 있는데 배 속에 알이 있는 것을 보면 뱀이 변한 것은 아니다.

해돈어 海豚魚

해돈어 상괭이

속명은 상광어다. 큰 놈은 10척 정도나 된다. 몸통이 둥글고 길다. 색이 검어서 얼핏 보면 큰 돼지 같다. 가슴이 불룩한 것이 사람 여자와 비슷하다. 꼬리가 가로로 나 있다. 보통 물고기 꼬리는 배가 앞으로 나갈 때 방향을 잡아 주는 것과 같은 역할을 하기 때문에 세로로 나 있는데 이 물고기는 특이하게 가로로 나 있다. 내장은 개의 내장과 비슷하다. 반드시 무리를 지어 다니는데 물 위로 나오면 빽빽거리는 소리를 낸다. 기름이 워낙 많아서 한 마리를 잡으면 한 동이나 얻을 수 있다. 흑산도에서 가장 많이 나는데 사람들이 잡는 법을 잘 모른다.

▶청이 살펴보건대, 진장기는 "해돈은 바다에서 나는데 바람과 바닷물이 들고 나는 것에 따라 나타났다가 사라지곤 한다. 돼지와 비슷하게 생겼다. 코가 뇌 위에 있으며 코로 소리를 내고 물을 위로 똑바로 내뿜는다. 수백 마리가 무리를 지어 다닌다. 기름이 많아서 그 기름으로 불을 켤 수 있는데, 특이한 것은 이 기름으로 불을 켜서 노름하는 곳에 비추면 바로 밝아지는데 책을 읽거나 일하는 곳에 비추면 어둡다. 그래서 사람들은 이 물고기가 게으른 여자가 변해서 된 것이라는 소리를 한다."고 했다. 이시진은 《본초강목》에서 "해돈의 모습은 몇백 근 나가는 돼지처럼 생겼다. 색은 점어(메기)와 비슷하게 푸르뎅뎅하면서도 검고 젖가슴이 있고 암수를 구분할 수 있는 것이 사람과 비슷하다. 여러 마리가 몰려다니면서 번갈아 가며 물 위로 떠올랐다가 다시 물속으로 가라앉기를 반복하는데 이 모습을 보고 바람에 절하는 물고기라고 부른

다. 뼈는 단단하고 살은 기름기가 너무 많아서 먹기에는 적당하지 않다. 기름이 굉장히 많은 물고기다."라고 했다.

이런 해돈어의 생김새에 대한 설명을 보면 우리가 아는 상광어가 분명하다. 《본초강목》에서 "해돈어는 다른 말로 해희이고, 기어, 참어, 부패라고도 부른다. 강에서 사는 놈은 강돈이라고 하고 다른 말로 강저, 수저라고도 부른다."고 했다. 《옥편》에서는 "포는 부어, 보어라고도 하고 강돈이라고도 부른다. 바람이 불려고 하면 물 위로 튀어 오른다."고 했다. 사람들이 상광어가 물 밖으로 솟구치는 모습을 보고 바람이 불고 비가 올 것이라고 예상하는 것을 보면 이 물고기가 해돈어임이 틀림없다. 《설문해자》에서는 "국은 물고기 이름이다. 낙랑*이라는 번국*에서 나는데 어떤 이는 강동에서 난다고도 한다. 젖

낙랑 : 고조선 멸망 후 한나라가 고조선의 옛 땅에 설치한 4군의 하나.
번국 : 중국의 밖, 제후가 다스리는 나라.

가슴이 두 개다."라고 설명했고, 비슷하게 엮은 다른 책에서도 "국이라는 것은 부라고도 부른다."고 했으니 이것도 해돈어다. 지금 우리나라의 서해와 남해에서 모두 볼 수 있으니 《설문해자》를 쓴 허신이 "낙랑에서 난다."고 한 말은 정말 맞는 말이다.

《이아》의 물고기 해설 편에서 "기는 축이다."라고 했는데 곽박이 해석하기를 "기는 몸통은 심어(철갑상어), 꼬리는 국어(돌고래류)와 비슷하다. 배는 크고 주둥이가 조금 작으면서도 뾰족 튀어나와 있다. 이빨이 옆으로 죽 나란히 나 있고 위아래가 맞닿아 있다. 코는 머리 위에 있고 코로 소리를 낸다. 살이 적고 기름이 많다. 알이 아니라 태에서 태어난다."고 했다. 이것은 해돈어를 설명하는 말이 틀림없다.

인어 人魚

인어 상괭이 또는 잔점박이물범

속명은 옥붕어다. 사람과 비슷하게 생겼다.

▶청이 살펴보건대, 인어에 대해서 다섯 가지 설이 있다.

첫째는 제어(鯷魚)다. 《산해경》에서는 "휴수가 북쪽으로 흘러 낙수에 이르는 곳에 제어가 많이 난다. 제어는 긴 발톱이 있고, 겨울잠 자는 원숭이처럼 생겼다."고 했다. 동식물 약학 책에서 제어는 인어라고 부르고 해아(어린아이)어라고도 부른다고 했다. 이시진이 말하길 "강이나 호수에서 살고 모두 점어나 외어(작은 메기)와 비슷하게 생겼다. 아가미로 바드득거리며 내는 소리가 아이 울음소리와 같다."고 했다. 이것 때문에 인어라고 한 것이다. 이 물고기는 강이나 호수에 산다.

　두 번째 설은 예어(鯢魚)다. 《이아》의 물고기 해설 편에서 "예는 큰 놈을 '하'라고 한다."고 했는데 곽박이 풀어 쓰기를 "예는 점어와 같지만 다리가 네 개 있다는 것이 다르다. 앞에서 보면 원숭이 같은데 뒤에서 보면 개처럼 보인다. 소리는 꼭 어린아이 울음소리 같다. 큰 놈은 길이가 8~9척 정도 된다."고 했다. 《산해경》에서 "결수에는 인어가 많다. 생긴 것은 제어(메기)와 비슷한데 발이 네 개가 있고 아이 울음소리를 낸다."고 했다. 《본초》에 나온 말을 도홍경*이 설명하기를 "인어는 형주의 임저 지역 청계에 많다. 그 기름으로 불을 붙일 수 있는데 기름이 잘 닳지 않는다. 여산에 있는 진시황 무덤에 쓰는 '인어 기름'이 바로 이것이다."라고 했다. 《사기》에서 "여산 무덤을 만들 때 인어 기름을 등불로 삼아 걸어 두었는데 등불이 꺼지지 않고 오랫동안 켜져 있었다."고 하는 부분에서 나온 말이다.

　《본초강목》에서는 "예어를 다른 이름으로 하면 인어고, 납어 혹은 탑어라고도 한다."고 했다. 이어 "시내에서 살고 모양과 소리는 모두 제어와 같다. 그렇지만 제어와 달리 나무에 오를 수 있는 것을 예어라고 부른다. 사람들은 '점어가 나무를 오른다.'는 소리를 하는데 점어가 바로 이 물고기다. 바다의 고래와 이름이 같다."고 했다. 예어는 시내에서 난다. 보통 제어와 예어는 생김새나 소리가 같지만 강에서 나는지, 시내에서 나는지, 나무에 오르는지 등의 차이가 있어서 《본초강목》에서는 제어와 예어를 따로 구분하고 있다. 이 두 가지

도홍경 : 중국 남북조 시대 송나라와 양나라의 유명한 의학자다.

가 모두 비늘이 없는 종류에 들어가 있다.

세 번째 설은 역어다. 《정자통》에서 "역은 생김새는 점어와 같은데 다리가 네 개고, 꼬리가 길고, 아이 울음소리를 내고 대나무에 잘 오른다."고 했다. 또 "역어는 바다의 인어를 말한다. 눈썹, 귀, 입, 코, 손, 손톱, 머리가 모두 있다. 살갗은 옥처럼 하얗고 비늘이 없고 잔털이 있다. 다섯 색깔 머리털은 말총과 같고, 길이는 5~6척 정도 된다. 바닷가 사람들은 이것을 잡아다가 연못에 가두고 기르기도 한다. 곽박의 책에는 인어에 대해 감탄하는 시가 있다."고 했다. 보통 제어나 예어처럼 역어도 나무에 오르고, 아이 울음소리를 내지만 생김새가 다르기 때문에 인어라고 따로 부르고 있다.

네 번째는 교인이다. 《오도부》를 지은 좌사는 "신령스런 외발 동물인 '기'를 교인에게서 볼 수 있었다."고 하였다. 《술이기》에서는 "교인은 물고기처럼 물속에서 산다. 끊임없이 천을 짠다. 눈에서 눈물이 나고, 눈물이 흘러나오면 구슬이 된다."고 했다. 또 "교인이 짠 천은 용사라고 불리는데, 그 값이 100금이 넘는다. 이것으로 옷을 만들면 물속에 들어가도 젖지 않는다."고 했다. 《박물지》*에서는 "교인은 물고기처럼 물에 살며 비단을 끊임없이 짰다. 가끔 물 밖으로 나와 사람들이 사는 집에서 지내며 비단실을 팔았다. 돌아갈 때 주인집에 와서 그릇을 달라고 해서 그 위에 눈물을 흘리는데 그러면 그릇에 구슬이 가득 찼다. 이 구슬을 주인에게 선물로 주고 떠났다."고 했다. 이것은 아마 물속에 사는 괴상한 것이 아닐까 한다. 천을 짜고 눈물이 구슬이 된다는 이야기는 사실이 아닐 것이다. 그런데도 많은 사람들이 이 전설 같은 이야기를 여러

《박물지》: 중국 서진 때의 학자 장화가 지은 수필집으로 세계의 사물에 대해 쓰여 있다.

가지로 바꾸어 이야기하고 있다.

《오도부》에서는 "물속의 방을 빌리고 거기 들어앉아 비단을 짜기 때문에 연못 손님이라고 부르는데 슬프게 울면 눈물이 구슬이 된다."고 했다. 유효위*는 "조개의 기운은 멀리서 공중누각을 만들고, 인어는 가까운 곳에 잠겨 천을 짠다."라는 시를 썼다. 곽헌이 지은 소설 《동명기》에서는 "미륵국 사람들이 코끼리를 타고 바닷속으로 들어가더니 교인의 집에 묵고는 눈물 구슬을 얻었다."고 했다. 당나라 시인 이기는 〈교인가〉에서 "교인이 짠 비단의 무늬는 밝게 빛나고 밤마다 맑은 물결이 달빛에 어우러지는구나."라고 했다. 고황이 신라로 가는 관리에게 보낸 시 〈송종형사신라시〉에서는 "황제의 딸*은 돌을 물고 멀리 날아서 동해를 메우려 하고, 교인은 눈물로 짠 비단실을 팔지."라고 했다. 하지만 용왕의 궁에서 비단을 짜는 것을 본 사람은 아무도 없으니, 교인이 눈물로 구슬을 만들었다는 이야기는 허무맹랑한 말이다. 이 모든 이야기는 실제로 본 일이 아니고 단지 전해 내려오는 이야기를 옮긴 것뿐이다.

다섯 번째 설은 여인 물고기다. 중국 남당의 학자 서현은 《계신록》에 "사중옥이라는 사람이 물속에서 여인이 솟아오르는 것을 보았는데 허리 아래로 모두 물고기인 인어였다고 했다."라고 썼다. 《술이기》에서는 "사도가 고려에 사신으로 갔는데 바다에서 여인을 보았다. 여인을 붙잡고 보니 붉은 치마를 입고 소매는 걷어 올렸으며, 비녀를 꽂은 머리는 단정하지 않고 어지럽게 삐져

유효위 : 중국 남북조 시대 남조의 양나라 문학가.
황제의 딸 이야기 : 중국 건국 신화에 염제의 딸이 동해에서 놀다 빠져 죽어 다른 사람으로 환생한 뒤 서쪽 돌을 가져다 동해를 메우려 했다는 전설이 있다.

나와 있었다. 아가미가 있었고 뒤로 붉은색 지느러미가 작게 나 있었다. 사도가 여인을 물에 놓아주도록 명령하자 여인이 두 손을 모아 절을 하고 고마워하더니 조금 있다가 물속으로 사라졌다. 이 여인이 곧 인어다."라고 했다.

지금까지 보면 제어, 예어, 역어, 교어, 이 네 가지 설은 여인과 비슷하다는 이야기가 없었는데 다섯 번째 설은 위의 네 가지와 다르다. 지금 우리나라 서남해에는 사람과 비슷한 물고기가 두 종류 있다. 그중 하나는 상광어인데 사람과 비슷하게 생겼고 젖가슴이 있는 물고기다. 이는 곧 해돈어라고 앞에서 말했다. 또 다른 하나는 옥붕어인데 길이가 8척 정도 되고 몸이 보통 사람 크기이고 머리는 어린아이와 비슷하며 수염과 머리털이 덥수룩하다. 하체에 암수의 구별이 있어 사람과 비슷하다. 뱃사람들은 이 물고기가 불길하다고 여겨서 잡히면 얼른 버린다. 이것이 사도가 본 물고기일 것이다.

사방어 四方魚

사방어　육각복

크기는 4~5촌 정도다. 몸통이 사각형이다. 길이와 너비, 높이가 거의 비슷한데 길이가 너비보다 조금 길다. 입은 손톱으로 꾹 누른 자국처럼 생겼고 눈은 녹두처럼 조그맣고 불룩 튀어나와 있다. 양 지느러미와 꼬리는 파리 날개만 하고, 똥구멍은 녹두가 겨우 들어갈 만큼 작다. 꼭 산사(전자리상어)처럼 온몸이 날카로운 송곳 가시로 되어 있다. 몸은 쇠나 돌처럼 단단하다.

장창대가 말하기를 "예전에 세찬 바람과 큰 파도 뒤에 해안으로 떠밀려 온

것을 한 번 본 적이 있습니다."라고 했다.

우어 牛魚

우어 새치류

속명은 화절육이다. 길이가 20~30척에 이른다. 아래 주둥이가 3~4척이나 되고, 허리가 소만큼이나 뭉툭하고, 꼬리 쪽으로 갈수록 점점 줄어들어 뾰족해진다. 비늘이 없고 온몸의 살이 눈처럼 희다. 맛이 부드럽고 연하며 매우 좋다. 어쩌다가 밀물을 타고 해안가로 밀려 들어와서 주둥이가 모래나 진흙에 박히면, 뽑지 못하고 죽는다.

▶옛 책을 살펴보건대,《명일통지》에서는 "우어는 혼동강*에서 난다. 큰 놈은 길이가 15척이나 되고, 무게는 300근 정도다. 비늘과 뼈가 없고, 기름이 살 사이사이에 들어 있어서 맛이 굉장히 좋다."고 했다. 《이물지》에서는 "남쪽 지방에 우어가 있는데 '늘일 인(引)' 자를 써서 '인어'라고도 부른다. 무게가 300~400근 정도 된다. 예어(가물치)와 비슷하게 생겼는데 비늘과 뼈가 없다. 등에 무늬가 있다. 배 아래쪽은 푸른색이고, 고기 맛이 매우 좋다."고 했다. 《정자통》에는 "《통아》*라는 책을 보니 '우어는 북쪽 지방에서 나는 유어(철갑상어)의 한 종류이다.'라고 되어 있고, 왕이는 《연북록》에서 '우어는 주둥이가

혼동강 : 중국의 지린성과 헤이룽성 사이로 흐르는 강으로 우리는 송화강이라고 부른다.
《통아》 : 중국 명나라 때 학자 방이지가 편찬한 책.

길고 비늘이 단단하고 머리에 연한 뼈가 있다. 무게는 100근 정도다. 북쪽 지방의 심어(철갑상어)를 가리킨다.'고 했다."고 나온다. 지금까지 이야기를 살펴보면 이 우어가 지금의 화절육을 가리키는 것임을 알 수 있다. 심어(鱏魚)는 유어이고, 심어 심(鱘) 자를 써 심어(鱘魚)라고도 한다. 코의 길이가 몸의 길이와 같고, 흰색에 비늘이 없다. 이시진도 우어를 심어의 일종이라고 했다.

회잔어 鱠殘魚

회잔어 뱅어

속명은 백어다. 젓가락처럼 생겼다. 칠산 바다에 많이 산다.

▶옛 책을 살펴보건대,《박물지》에서 "오나라 왕 합려가 여러 곳을 다니다가 '회'라는 물고기를 먹은 뒤 남은 것을 강물에 버렸더니 이것이 물고기로 변해서 '회잔'이라고 부르게 되었다."고 했다. 이것이 지금의 은어다.《본초강목》에서는 임금 왕(王), 남을 여(餘)를 써서 '왕여어'라고 했다.《역어유해》에서는 '면조어'라고 했는데 그 모양이 국수 가락과 비슷하기 때문이다. 이시진은 "어떤 사람은 오나라 왕이 아니라 월나라 왕이라고 하고,《박물지》를《승보지》로 써서 억지로 가져다 붙이곤 하는데 이것은 별로 맞지 않다."고 했다. 덧붙여 설명하기를 "큰 놈은 4~5촌 정도 되는데 몸이 젓가락처럼 둥글고, 은처럼 깨끗하고 하얀색에 비늘이 없어서 마치 회를 떠 놓은 것 같다. 눈이 까만 점처럼 있을 뿐이다."라고 했다. 여기서 말하는 하얀 물고기가 바로 회잔어다.

침어 鱵魚

침어(학공치), 군대어(갈치), 관자어(동갈치) 등이 있다.

침어　학공치

속명은 공치어다. 큰 놈은 길이가 2척 정도다. 몸통이 가늘고 뱀처럼 길다. 주둥이는 길이가 3~4촌 정도고 뾰족한 침처럼 가늘다. 위쪽 주둥이는 제비 주둥이와 비슷하다. 흰색에 푸르스름한 기운이 있고, 맛이 달면서 개운하다. 8~9월에 포구로 들어왔다가 바로 물러간다.

▶청이 살펴보건대, 《정자통》에는 "침어는 사람들 사이에서 '침취어'라고 불린다."고 되어 있다. 《본초강목》에서는 "침어는 '강공어'라고도 부르고, '동설어'라고도 부른다."고 했다. 이 책을 쓴 이시진은 "이 물고기는 주둥이에 침이 하나 있어서 사람들이 보통 '강태공의 낚싯바늘'이라고 부르기도 한다. 이 역시 지나치게 억지로 가져다 붙인 말이다. 생김새는 회잔어와 비슷하지만 주둥이가 침처럼 가늘고 뾰족하며 검은 뼈가 하나 있다는 점이 다르다. 〈동산경〉에 '지수는 북쪽 호수 지역으로 흘러 들어가는데 그곳에 침어가 많다. 생김새는 조어(피라미)와 같고 주둥이가 침처럼 생겼다.'고 나오는데 바로 이 물고기를 말한다."고 했다. 이 모두가 공치어를 가리키는 말이다. 몸통에 비늘처럼 하얀 부분이 있지만 이것은 비늘이 아니다.

천족섬 千足蟾

천족섬　삼천발이.

속명은 삼천족 혹은 사면발이다. 몸통이 완전히 둥글다. 큰 놈은 지름이 15촌 정도 된다. 몸통 주위로 엄청나게 다리가 많이 나 있는데 꼭 닭발처럼 생겼다. 다리에서 다시 다리가 나오고, 그 다리에서 다시 작은 가지처럼 다리가 나오고, 작은 다리에서 더 작은 다리가 나오고 마지막에 잎이 나와서 1천 개, 1만 개의 다리가 꿈틀거린다. 그 모습을 보면 사람들은 징그러워서 두려움에 떨게 된다. 배 한가운데에 입이 있는 걸 보면 장어(문어)의 한 종류가 맞다. 말렸다가 약에 넣으면 남자의 기를 돕는 효과가 있다.

▶청이 살펴보건대, 곽박의 《강부》에서 '토육*과 석화'가 나오는데 이선이 이것을 설명하기를 "토육은 검정색에 어린아이 팔꿈치만 하고, 길이가 5촌 정도다. 몸 가운데에 배가 있고 입이 없고, 배에 다리가 서른 개 있다. 구워 먹는다."고 했다. 이것을 보면 토육은 천족섬과 비슷하다.

해타 海鮀

해타　해파리

속명은 해팔어다. 큰 놈은 길이가 5~6척 정도 되고 너비도 그 정도다. 머리,

토육 : 토육은 해삼을 가리킨다. 여기서 이청이 천족섬과 비슷하다고 한 것은 오류다.

꼬리, 얼굴, 눈이 모두 없다. 몸통은 우유가 뭉친 것처럼 몽글몽글하고, 생김새는 꼭 중이 삿갓을 쓴 것처럼 생겼다. 허리에 여자의 치마 같은 것을 두르고 있고 다리를 늘어뜨리고 헤엄친다. 삿갓의 챙 안쪽으로 짧은 털들이 무척 많다. 털은 녹두 가루로 만든 굉장히 가는 국수처럼 생겼다. 하지만 진짜 털은 아니다. 그 아래에는 목처럼 생긴 것이 있고 어깨와 팔이 솟은 것처럼 올록볼록하다. 팔 아래로 다리가 네 개로 나뉘어 있는데 다닐 때는 합쳐져서 움직인다. 다리가 몸의 반을 차지하고, 다리의 위와 아래, 안과 밖에는 셀 수 없을 정도로 긴 털이 빽빽하게 많이 나 있다. 이 털은 긴 것은 몇십 척이나 되고 검은색이다. 짧은 것은 7~8촌 정도다. 길고 짧은 것에 순서가 따로 없고 길이도 제각각이다. 털 중에 굵은 것은 끈처럼 생겼고, 가는 것은 머리카락 같다. 다닐 때는 삿갓을 우산처럼 펼치는데 부드럽게 펄럭인다. 펄럭일 때 투명하고 물컹한 것이 흐물거려서 꼭 우뭇가사리를 삶아 만든 우무묵 같기도 하다.

강항어(참돔)는 해팔어를 보면 두부를 먹어 치우듯 먹어 버린다. 밀물을 따라 항구로 밀려왔다가 물이 다시 물러간 후 모래에 박히면 움직이지를 못해서 죽는다. 뭍에 사는 사람들은 해팔어를 삶아 먹거나 회로 먹는다. 삶으면 말캉말캉했던 것이 딱딱해지고 크기가 줄어든다. 장창대는 "예전에 해팔어의 배를 갈라 보았더니 호박 속이 썩은 것과 닮았습니다."라고 하였다.

▶청이 살펴보건대, 해타의 '타(鮀)'는 '타(蛇)'라고도 쓴다. 《이아익》에는 "타(蛇)는 동해에서 난다. 새하얀 색에, 생김새는 거품이 몽글몽글 일어나는 것 같고, 엉긴 피 같기도 하다. 가로세로 길이가 몇 척 정도 된다. 감각은 있지만 머리와 눈이 없어서 사람을 만나도 피할 줄 모른다. 새우 떼는 해팔어에 붙어

서 해팔어가 동쪽으로 가든 서쪽으로 가든 따라다닌다."고 나온다. 《옥편》에서는 "엎어 놓은 삿갓처럼 생겼고, 둥둥 떠다니면서 물의 흐름에 따른다."고 했다. 곽박은 《강부》에서 "수모라는 것이 있는데 눈이 없어 새우를 눈으로 삼는다."라고 했는데 여기에 대해 풀어 쓰기를 "수모는 사람들이 바다의 혀라는 뜻에서 '해설'이라고 부른다."고 했다. 《박물지》에서는 "동해에 피가 엉긴 것처럼 생긴 생물이 있는데 이름이 자어다."라고 했다.

　《본초강목》에서는 해타를 다른 말로 '수모'라고 하고 '저포어'라고도 부른다고 했다. 이 책을 쓴 이시진은 "남쪽 지방 사람들이 '해절'이라고 하거나 '사자'라고 하는 것은 모두 잘못된 것이다. 중국의 복건 사람들은 '타'라고도 하고, 광동 사람은 '수모'라고 하며, 《이원》*이라는 책에서는 '석경'이라고 부른다."고 했다. 《강희자전》*에 보면 "타는 수모를 가리킨다. 다른 말로 '분'이라고도 하는데 양의 위장과 똑같이 생겼다."고 나온다. 지금까지 모두 해팔어를 가리킨다. 이시진은 "수모는 모양새가 대충 응어리져 있고 붉으면서 자줏빛이다. 몸통 아래쪽에 솜뭉치 같은 것이 매달려 있고, 여기에 새우 떼가 붙어서 해팔어가 내뿜는 끈끈한 거품을 빨아들인다. 이것을 잡거든 그 피를 없애면 먹을 만하다."고 했다. 보통 해팔어 속에 있는 것은 핏물이다. 바닷가 사람들은 "해파리의 배 속에는 피가 담긴 주머니가 있어 큰 물고기를 만나 공격당하면 피를 내뿜어 어지럽게 한다. 그런 점에서 오적어(갑오징어)와 비슷하다."고 했다.

《이원》: 중국 육조 시대 송나라의 유경숙이 편찬한 책으로 신기하고 괴이한 일을 엮었다.
《강희자전》: 중국 청나라 때 강희제의 명에 따라 장옥서 등 30명의 학자가 편찬한 중국 최대의 자전.

경어 鯨魚

경어　고래

속명은 고래어다. 고래는 반질반질한 검은색에 비늘이 없다. 길이는 100척 정도이며 가끔 200~300척이 되는 것도 있다. 흑산 바다에도 있다.

▶옛 책을 살펴보건대, 《옥편》에서는 "고래는 물고기의 왕이다."라고 했다. 《고금주》*에서는 "고래는 큰 놈이 1000리나 되고 작은 놈은 수백 척이다. 그중에서 암컷은 '예'라고 하는데 이것도 큰 놈은 1000리다. 눈은 밤에도 빛나는 구슬처럼 생겼다."고 했다. 지금 우리나라 서남해에도 있는데 길이가 1000리나 되는 고래가 있다는 말은 들은 적이 없다. 《고금주》의 소개는 과장된 것 같다.

일본인들은 고래회를 굉장히 좋아하고 귀하게 여긴다. 그들은 화살에 약을 발라 쏘아서 고래를 잡는다. 요즘 간혹 고래가 죽은 채 우리나라로 떠내려오는데 화살이 꽂혀 있는 경우가 있다. 이것은 화살을 맞고 도망치다 죽었기 때문이다. 또 간혹 고래 두 마리가 싸우다가 하나가 죽어서 떠내려오는 경우도 있다. 고래 고기를 삶으면 기름이 나오는데 한 마리에 열 항아리 정도를 얻을 수 있다. 고래 눈으로는 술잔을 만들고 수염으로는 자를 만들 수 있으며, 척추 한 마디로 절구를 만들 수 있다. 이런 사실을 지금까지 내려온 동식물 약학 책에 싣지 않았다니 참 이상하다.

《고금주》: 중국 진나라 때 최표가 고대 중국의 제도와 명물에 대해 설명한 책.

해하 海鰕

대하大鰕 새우

길이가 1척 정도며 색은 희면서도 붉다. 등이 굽었고 몸은 껍데기로 둘러싸여 있다. 꼬리는 넓적하고 머리는 석해(닭새우)와 비슷하다. 눈이 튀어나와 있고, 몸길이의 세 배나 되는 붉은 수염이 두 개 있다. 머리 위에는 뿔이 두 개 있는데 가늘지만 단단하고 뾰족하다. 다리는 여섯 개가 배에 붙어 있고 가슴 앞에 두 개가 더 있는데 꼭 갓에 달린 끈 같다. 배 아래에는 두 개의 판이 서로 붙어 있는데 그것과 가슴의 다리 사이에 알을 품는다. 이 상태로 헤엄도 치고 걸을 수도 있다. 맛은 최고로 달고 좋다. 중간 크기의 놈들은 크기가 3~4촌, 흰 새우는 2촌, 자주색 새우는 5~6촌 정도 된다. 나머지 자잘한 것들은 개미만 하다.

▶청이 살펴보건대, 《이아》의 물고기 해설 편에서는 "호라는 것은 대하를 말한다."고 했다. 진장기가 "바다의 붉은 새우는 1척 정도인데 수염으로 비녀를 만들 수도 있다."고 했는데 이것이 대하다.

해삼 海蔘

해삼

큰 놈이 2척 정도고 두께는 노각*과 비슷하다. 온몸에 자잘한 돌기가 있는데

노각 : 늙어서 누런색을 띠는 오이.

이것도 노각과 비슷하다. 양쪽 끝으로 갈수록 크기가 조금씩 줄어드는데 한쪽 끝에는 입이 있고 다른 쪽 끝은 항문과 통한다. 배 속에 밤송이 같은 것이 들어 있고 내장은 닭의 내장과 비슷한데 굉장히 약해서 끌어당기면 금방 끊어진다. 배 아래에 여러 개의 발이 있어 걸을 수 있는데 반면 헤엄을 칠 수는 없어서 물속에서는 움직임이 굉장히 둔하다. 짙은 검정색에 살은 푸른 기가 도는 검은색이다.

▶ 청이 살펴보건대, 우리나라의 바다에서는 모두 해삼이 난다. 어민들은 해삼을 잡아 말려서 여기저기에 판다. 복어(전복), 홍합과 함께 3대 상품이다. 예부터 내려오는 동식물 약학 책을 모두 조사해 보아도 잘 실려 있지 않다. 최근 섭계*의 《임증지남》에 이르러서야 약으로 처방하는 데 많이 쓰인다고 나왔다. 해삼은 우리나라에서 먼저 사용되면서 다른 나라에서도 사용되기 시작한 것이다.

굴명충 屈明蟲

굴명충　군소

속명도 굴명충이다. 큰 놈은 15촌 정도고 지름도 그와 같다. 생김새는 알을 품은 닭 같은데 꼬리는 없다. 머리와 목덜미가 약간 솟아 있고 귀가 있는데 꼭

섭계 : 중국 청나라 때의 의사.

고양이 귀 같다. 배 아래에 해삼처럼 다리가 있는데 마찬가지로 헤엄을 칠 수는 없다. 검은색에 붉은 무늬가 있다. 온몸이 피로 차 있으며 맛은 싱겁다. 이것은 경상도 사람들이 주로 먹는데 여러 번 깨끗이 씻어서 피를 없애야 먹을 수 있다.

껍데기가 있는 바다 생물들

해귀 海龜

해귀 바다거북

생김새는 민물에 사는 남생이와 비슷하고, 배와 등에 대모*의 등딱지 무늬가 있다. 가끔 물 위로 떠오르기도 한다. 성질이 둔하고 느긋해서 사람이 다가가도 놀라지 않는다. 등에 굴 껍데기가 붙었다가 나중에 조각조각 떨어진다. 굴은 딱딱한 것을 만나면 꼭 거기에 들러붙기 때문이다. 사람들은 보통 해귀를 용궁의 사신으로 여겨서 이것을 잡으면 재앙이 온다고 믿었다. 그래서 만나게 되어도 잡지 않으니 좀 아깝다.

대모 : 바다거북과의 하나로 몸길이가 60센티미터 정도고, 노란색 등딱지에 구름 모양의 어두운 갈색 무늬가 있다.

해 蟹 게

무해(민꽃게), 시해(꽃게), 농해(농게), 팽활(무늬발게), 소팽(납작게 또는 풀게), 황소팽(납작게 또는 풀게), 백해(달랑게), 화랑해(칠게), 주복해(두드러기어리게), 천해(참게), 사해(도둑게), 두해(엽낭게), 화해(농게), 율해(뿔물맞이게), 고해(칠게 또는 길게), 석해(닭새우), 백석해(갯가재) 등이 있다.

▶청이 살펴보건대, 《주례》* 〈고공기〉 편을 풀어 쓴 책에서는 "옆으로 기어 다니는 것은 모두 게의 무리다."라고 했고, 다시 풀어 쓴 책에서도 "요즘 사람들은 게를 '방해(旁蟹)'라고 부르는데 그것은 게가 옆으로 다니기 때문이다."라고 했다. 부굉*은 《해보》에서 '방해(螃蟹)'라고 하고 '옆으로 다니며 껍질이 있는 자'라고도 빗대어 불렀으니, 이것은 겉으로 보이는 모습 때문이다. 《양자방언》*에서는 '곽삭'이라고 했는데, 이것은 다닐 때 '곽삭' 하고 소리를 내기 때문이다. 게의 배 속이 비어 있기 때문에 《포박자》*에서는 '배가 텅 빈 공자'라고 했다.

《광아》에서는 "수컷 게를 '낭예', 암컷을 '박대'라고 부른다."고 했다. 보통 암수를 구별할 때는 배딱지가 뾰족한 놈이 수컷이고, 둥근 놈이 암컷이다. 또 집게발이 크면 수놈이고 작으면 암놈이다. 이것이 게를 구별하는 방법이다. 《이아익》에서는 "게는 다리가 여덟 개고 집게발이 두 개다. 다리 여덟 개를 꺾어 접으면서 머리를 숙이는 것을 보고 무릎을 꿇는다는 뜻의 '궤(跪)'라고 부르고,

---

《주례》: 중국의 경서 중 하나. 경서는 옛 성현들이 유교의 사상과 교리를 써 놓은 책을 가리킨다.
부굉: 중국 송나라 때 사람으로 《해보》를 썼다. 그 책에 게에 대한 내용이 많이 실려 있다.
《양자방언》: 중국 한나라 때 학자였던 양웅이 여러 지역의 사투리를 모아 쓴 책이다.
《포박자》: 중국 동진 때 학자 갈홍이 지은 도교 서적.

집게발 두 개를 하늘로 치켜드는 모습 때문에 거만하다는 뜻이 들어간 '오(螯)'라고도 부른다."고 했다. 보통 사람들이 게를 '궤'라고 부르는 까닭이 바로 이것이다. 《순자》*의 〈권학〉 편에서는 "게는 다리가 여섯 개고 집게발이 두 개다."라고 했는데 이것은 잘못되었다. 게의 다리는 여덟 개다.

시해矢蟹 꽃게

속명은 살궤다. 큰 놈은 지름이 2척 정도다. 뒷다리의 끝이 부채처럼 널따랗다. 양 눈이 있는 곳에 1촌 정도의 뾰족한 것이 있어서 화살 시(矢), 꽃게 해(蟹)를 써서 시해라는 이름이 붙었다. 검붉은 색이다. 보통 게는 잘 달리는 반면 헤엄은 못 치는데, 시해만은 유독 헤엄을 칠 수 있다. 부채 모양의 다리 때문에 헤엄을 칠 수 있는 것이다. 시해가 헤엄을 치면 큰 바람이 불 징조이다. 맛이 달고 좋다. 흑산도에서는 보기 힘들지만 바닷속 깊은 곳에 있다가 가끔 낚싯줄에 걸려 올라오기도 한다. 칠산 바다에서는 그물로 잡는다.

▶청이 살펴보건대, 이것은 '유모'*의 일종이다. 소송은 "납작하면서 가장 크고, 뒷다리가 넓은 것을 유모라고 부르는데 남쪽 사람들은 이것을 '발도자'라고 부르기도 한다. 뒷다리가 배를 젓는 노와 비슷하기 때문이다. 다른 말로 꽃게라는 뜻의 '심'이라고도 한다. 밀물과 썰물에 따라 껍데기를 벗는데 벗을 때마다 덩치가 커진다. 큰 놈은 곡식을 재는 됫박만 하고, 작은 것은 술잔을 받치는 접시만 하다. 두 집게발은 사람 손과 같은 모양인데 이 점이 다른 게와

《순자》 : 중국 전국 시대의 유학자인 순자가 지은 사상서.
유모 : 꽃겟과에 속하는 게들을 모두 이르는 말.

다르다. 힘이 매우 세서 8월에는 호랑이와도 겨룰 만한데 호랑이도 이것을 이기지 못한다."고 했다. 《박물지》에서는 "유모는 힘이 매우 세서 호랑이와도 겨룰 만하다. 집게발로 사람을 잘라 죽일 수도 있다."고 했다. 지금 말하는 시해가 그와 같은 모양이고, 그중 가장 크니 바로 '유모'다.

복鰒 전복

복어(전복), 흑립복(진주배말 또는 큰배말), 백립복(흰삿갓조개), 오립복(두드럭배말), 편립복(애기삿갓조개 또는 배무래기), 대립복(장수삿갓조개) 등이 있다.

복어 전복

큰 놈은 7~8촌 정도 된다. 등에 껍데기가 있는데 꼭 두꺼비처럼 울퉁불퉁하다. 껍데기 안쪽 면은 매끄럽고 광택이 있지만 평평하지는 않고 오색 빛깔이 화려하게 빛난다. 왼쪽에 대여섯 개 혹은 여덟아홉 개 정도의 구멍이 머리 쪽부터 나란히 한 줄로 나 있다. 안쪽의 구멍이 없는 부분도 올록볼록한 자국이 꼬리 부분까지 이어져 있다. 회오리처럼 구부러진 나선 모양으로 줄이 나는데 구멍이 끝난 부분에서 시작한다. 껍데기 안에도 이런 모양으로 무늬가 있다.

껍데기 안에는 살이 있는데 타원 모양에 평평한 바깥 부분은 돌에 붙어서 움직일 때 쓴다. 살 안쪽 한가운데 봉우리가 하나 있고 그 앞쪽 왼편에 입이 있어 내장까지 이어진다. 입에는 작은 가시가 꺼끌꺼끌하게 나 있다. 입에서 내장까지 이어진 길을 따라 내려가면 주머니가 하나 있다. 주머니 왼쪽은 껍데기에 붙어 있고 오른쪽은 살에 붙어 있으며 꼬리 부분의 바깥쪽까지 이어진다.

복어는 살이 달고 맛이 깊다. 날로 먹어도 좋고 익혀 먹어도 좋지만 가장 좋은 것은 말려서 포로 먹는 것이다. 내장은 익혀서 먹기도 하고 젓갈을 담그기도 한다. 멍이 들어 부푼 곳을 치료하는 데 효험이 좋다. 봄이나 여름에는 독이 있다. 여기에 중독되면 종기가 생기고 피부가 갈라진다. 가을, 겨울에는 독이 없다. 복어를 기르는 방법은 아직까지 알려져 있지 않다.

들쥐가 복어를 잡아먹으려고 가만히 엎드려 있으면 복어가 쥐의 꼬리를 타고 등 위로 올라가기도 한다. 그러면 쥐는 복어를 지고 달리고, 복어는 쥐가 움직이기 시작하면 떨어지지 않으려고 더 달라붙는다. 만약 복어가 먼저 눈치를 채면 쥐가 움직이지 못하게 꼬리에 달라붙어 힘을 주는데, 이때 바닷물이 밀려오면 쥐는 죽게 된다. 사람들 세상에서도 이런 일이 있을 수 있으니 도적들은 여기서 교훈을 얻어야 할 것이다.

껍데기가 유난히 깎이고 닳은 것이 있는데, 이것은 진주를 품고 있기 때문이다.

▶청이 살펴보건대, 《본초강목》에서는 "'석결명'은 다른 이름으로 '구공라' 혹은 '천리광'이라고 부른다."고 했다. 소공*은 "이것은 복어의 껍데기다. 돌에 붙어 살고 조개와 비슷하게 생겼지만 껍데기가 한쪽에만 있고 짝이 없다."고 했다. 소송은 "구멍이 일곱 개나 아홉 개 뚫린 것이 좋고 열 개인 것은 좋지 않다."고 했다. 모두 복어에 대한 말이다.

중국에서는 복어가 매우 드물고 귀하다. 한나라를 망하게 하고 신나라를 세웠던 왕망이란 사람이 있다. 왕망이 복어를 즐겨 먹었는데 중국에서는 복

소공 : 중국 당나라 때 동식물 약학자.

어가 귀했다. 그래서 복륭이란 자가 왕망의 신임을 얻기 위해 복어를 잡아 바쳤다는 말이 있다. 또 중국의 《위지》*란 책에서는 "복어 잡이는 왜나라 사람들의 독특한 풍습이다."라고 했고, 육운은 "복어 회는 맛이 뛰어난 동해 지역의 음식이다."라고 했다. 〈재선왕표〉*에서는 "조조가 복어를 좋아해서 복어를 잡아 바치도록 했는데 한 주에서 바친 것이 겨우 100마리 정도였다."고 했다. 《남사》*에서는 "저연이 복어 서른 마리를 선물 받자 이것을 팔아 10만 전을 벌었다."고 했다. 중국의 여러 책에 이렇게 쓰여 있는 것을 보면 중국은 우리나라보다 복어가 별로 나지 않는 것이다.

합蛤 조개

누문합(가무락조개), 과피합(피조개), 포문합(바지락), 공작합(개조개), 세합(떡조개 혹은 모시조개), 비합(백합), 흑비합(검은 백합), 작합(새조개), 해복합(속에 게류가 들어 있는 백합), 포자합(할미조개) 등이 있다.

▶청이 살펴보건대, 조개는 종류가 굉장히 많다. 그중 긴 것은 보통 '방'이나 '함장'이라고 부르고, 모양이 둥근 것은 '합'이라고 한다. 이에 비해 모양이 좁고 길며 양쪽 머리가 뾰족하고 작은 것들은 '비' 혹은 '마도'라고 부른다. 색이

《위지》: 중국 진나라 때 진수가 펴낸 삼국지의 하나. 중국 삼국 시대 위나라의 역사책으로 《촉지》《오지》와 함께 '삼국지'라 불린다.
〈재선왕표〉: 조조의 다섯째 아들인 조식이 큰형인 조비에게 조조의 제사를 청하고 필요한 물품을 내려 주기를 요청한 글.
《남사》: 중국 당나라 때 역사가 이연수가 남조의 송, 제, 양, 진, 네 나라의 역사를 기록한 책.

검고 가장 작은 것은 '현' 혹은 '편라'라고 부른다. 모두 강, 호수, 시내, 개울에서 난다.

여러 동식물 약학 책에서는 바다에서 나는 것들에 대해 "문합은 한쪽 머리가 작고 다른 쪽 머리는 크며, 껍데기에 꽃무늬가 있다."고 했고 "합리라고 부르는 것은 껍데기가 하얗고 입술이 자주색이며 2~3촌 정도 된다. 함진은 모양이 납작하고 털이 있다. 거오가 가장 큰데 입으로 흙을 뿜어 집을 짓는다."고 했다. 이들은 바다에서 나는 큰 조개들이다. 또 "담라는 신라국에서 난다."고 했다. 다음에 소개하는 조개들은 흑산도 바다에서 보이는 것들을 속명과 함께 기록했다.

작합雀蛤 새조개

속명은 새조개다. 큰 놈은 지름이 4~5촌 정도 된다. 껍데기가 두껍고 반들반들하다. 참새 색깔에 무늬도 참새 털과 비슷해서 참새가 변한 것 같다. 북쪽 지방에서는 굉장히 흔한데 남쪽에서는 희귀하다. 보통 껍데기가 두 개 합쳐진 조개를 '합'이라고 한다. 이것들은 모두 땅속에 묻혀 있으며 알을 낳는다.

▶청이 살펴보건대, 《예기》*의 달에 관한 이야기에 "늦가을에 참새가 큰물에 들어가 조개로 바뀌고, 초겨울에는 꿩이 큰물에 들어가 큰 조개로 바뀐다."는 말이 나온다. 육전은 "방합(조개)은 암컷과 수컷의 구분이 따로 없는 것으로 보아 참새가 조개로 변한 것이 틀림없다. 그래서 진주도 만들 수 있는 것이다."라고 했다. 하지만 조개가 다른 생물에서 변한 것이라고 말하기는 힘들다.

《예기》: 《시경》, 《서경》, 《주역》, 《춘추》와 더불어 유학 오경의 하나.

감蚶
감(꼬막)과 작감(새꼬막)이 있다.

감 꼬막

속명은 고막합이다. 밤만 한 크기에 껍데기가 조개와 닮았고 둥글다. 하얀색에 세로무늬가 있고 줄과 줄 사이에 움푹 들어간 고랑이 있어 기와지붕 같다. 두 개의 껍데기가 들어가고 나온 것이 엇갈려서 서로 앙다물고 있다. 살은 누런색에 맛이 달다.

▶ 옛 책을 살펴보건대, 《이아》의 물고기 해설 편에서 '괴륙'을 설명하기를 "이것이 요즘의 감을 말한다."고 했고, 《옥편》에서는 "감은 조개와 비슷하고 기와지붕과 같은 무늬가 있다."고 했다. 《본초강목》에서는 괴합, 괴륙을 감이라고 했는데, 다른 말로 기와지붕을 닮았다고 해서 '와옥자', '와롱자'라고도 하고, 엎드린 노인 같다며 '복노'라고도 했다. 또한 이 책에서 이시진은 "남쪽 사람들은 비어 있는 것을 좋아한다 하여 이것을 '공자자'라고 하고, 노균이라는 사람은 모양이 마치 기와지붕의 골과 비슷해서 '와롱'이라고 불렀다. 중국의 광동 사람들은 감의 살을 좋아해서 '천련', 혹은 '밀정'이라고 불렀다."고 하였다. 《설문》에서는 "늙은 박쥐가 변해 괴합이 된다고 해서 늙은 박쥐를 뜻하는 복로라는 이름을 붙였다. 또 껍질의 골 무늬는 기와지붕과 비슷하다. 중국 절강 동쪽 갯벌에서는 감을 기르는데 이 밭을 감전이라고 부른다."고 했다. 여기서 말하는 고막합이 바로 그것이다.

정 蟶

정　맛조개

속명은 마다. 엄지손가락만 한 크기에, 길이는 6~7촌 정도다. 껍데기는 무르고 약하며 흰색이다. 갯벌에 숨어 산다.

▶청이 살펴보건대, 《정자통》에서 "중국 민, 오 지방의 사람들이 갯벌에 조개 씨를 뿌려 키우는 곳을 '정전'이라고 부른다."고 했다. 진장기는 "정은 바다 갯벌에서 난다. 길이는 2~3촌이고, 엄지손가락만 한 크기고, 양쪽 머리를 벌린다."고 했는데 바로 정을 설명하는 것이다.

담채 淡菜　홍합류
담채(홍합), 소담채(격판담치), 적담채, 기폐(키조개 또는 비단가리비) 등이 있다.

담채　홍합

속명은 홍합이다. 앞이 둥글고 뒤는 날카롭다. 큰 놈은 길이가 1척이나 되며 너비는 그 절반 정도다. 뾰족하게 봉긋 솟은 부분 아래에는 털이 덥수룩하게 나 있는데, 이것으로 바위에 들러붙는다. 이렇게 해서 수백, 수천의 담채가 무리를 이루고 산다. 밀물이 들어오면 입을 벌렸다가 썰물이 되면 입을 닫는다. 껍데기의 겉면은 짙은 검은색이고 안쪽은 매끄러우면서 밝은 푸른색이다. 살은 붉은 것도 있고 흰 것도 있다. 맛이 달고 좋으며 국으로 끓여도 좋고 젓갈을 담가도 좋다. 그러나 무엇보다 말린 것이 사람의 몸에는 가장 도움이 된다.

코털을 뽑다가 피가 나는 경우가 있다. 어떤 약으로도 피가 멈추지 않을 때 홍합의 털을 태워서 붙이면 신기하게도 멈춘다.

▶청이 살펴보건대, 《본초강목》에서는 담채를 다른 말로 '각채', '해폐', '동해부인'이라고 했다. 진장기는 "한쪽은 뾰족하고 가운데에 털이 약간 나 있다."고 했다. 일화자는 "비록 모습은 단정하지 않지만 사람에게 매우 이롭다."고 했다. 여기서 말하는 것들이 담채다.

호蠔 굴류

모려(굴), 소려(가시굴), 홍려, 석화, 통호(검은큰따개비), 오봉호(거북손), 석항호(말미잘), 석사(큰뱀고둥) 등이 있다.

오봉호五峯蠔 거북손

속명은 보찰굴이다. 큰 놈은 너비가 3촌 정도다. 다섯 봉우리가 나란히 있는데 바깥쪽 두 봉우리는 낮고 작다. 이 봉우리는 다음 두 봉우리를 안고 있고 그것들이 가장 큰 가운데 봉우리를 안고 있다. 바깥 봉우리들은 두 개씩 합쳐져서 껍데기를 이룬다.

누르스름하면서도 검은색이고 봉우리 뿌리는 껍질에 싸여 있다. 그 껍질이 마치 유자 껍질처럼 촉촉하고 윤기가 있다. 바위틈 좁고 지저분한 곳에 뿌리를 내리고 바람과 파도를 견뎌 낸다. 껍질 안에 살이 있는데 살에도 붉은 뿌리와 검은 털이 있다. 이 털은 물고기의 아가미와 같다. 밀물에 바닷물이 차면 그중 가장 큰 봉우리를 열어 그 털로 물을 빨아들인다. 맛이 달다.

▶청이 살펴보건대, 소송은 "모려는 바위에 붙어 사는데 울퉁불퉁한 것들이 서로 방처럼 이어져서 '여방'이라고 부른다. 진안 사람들은 '호포'라고 부른다. 처음에 주먹만 한 것들이 사방으로 점점 불어나서 나중에 10~20척에 이르면 산같이 높은 바위를 이루기 때문에 사람들은 '호산'이라고 부른다. 방마다 안쪽에 살이 한 덩어리씩 있는데 큰 방에는 말발굽 같은 살이 있고, 작은 방에는 사람 손가락만 한 살이 있다. 밀물이 들어올 때마다 각 방을 열어 물을 받아들인다. 이때 딸려 오는 작은 벌레를 먹고 산다."고 했다. 여기서 말한 오봉호가 바로 여산*이다.

라螺 고둥류

해라(피뿔고둥), 검성라(소라), 소검라(대수리), 양첨라(어깨뿔고둥 또는 맵사리), 평봉라(큰구슬우렁이), 우각라(나팔고둥 또는 털탑고둥), 추포라(보말고둥), 명주라(명주고둥), 거라(밤고둥), 백장라(개울타리고둥), 철호라(눈알고둥), 행핵라(비단고둥), 예봉라(댕가리 또는 갯비틀이고둥) 등이 있다.

대체로 고둥 종류는 껍데기가 돌처럼 단단하고, 바깥쪽은 거칠고 안쪽은 매끄럽다. 꼬리의 봉우리에서 왼쪽으로 서너 바퀴 돌아 골을 만드는데 점점 골이 커진다. 꼬리의 봉우리는 뾰족한데 머리는 완만하다. 아랫부분을 머리라고 하고 꼭대기를 꼬리라고 하는 이유는 껍데기 안의 고둥 살 머리가 아랫부분이기 때문이다.

여산 : 여기서 여산은 모려, 즉 굴을 가리킨다. 그러므로 여기 이청의 설명은 잘못된 내용이다.

골이 끝나는 부분에 입구가 있고 이 입구에서 봉우리 사이에 빙빙 돌아가며 굴이 있는데 이것이 고둥의 방이다. 고둥류의 몸통은 그 방의 모양을 따라 생겨서 머리 부분은 두툼하고 꼬리로 갈수록 점점 줄어든다. 새끼를 꼰 것처럼 빙글빙글 돌아 감겨 있는데 껍데기에 살이 꼭 맞게 차 있다. 다닐 때는 밖으로 삐져나와서 등에 자신의 껍데기를 지고 다닌다. 멈춰 있을 때는 몸을 집어넣고 둥근 뚜껑을 머리에 이고 문을 닫는다. 이 뚜껑은 자줏빛과 검은빛을 띠고 있고 두께는 개가죽처럼 얇다. 물결에 따라 여기저기 밀려 떠돌아다니고 헤엄을 치지는 못한다. 꼬리 부분은 장과 위인데 검푸르거나 황백색이다.

우각라牛角螺 나팔고둥 또는 털탑고둥

속명은 타래다. 큰 놈은 높이가 2~3촌이다. 쇠뿔과 비슷하고 빙글빙글 돌아가는 골은 예닐곱 바퀴를 돈다. 자잘한 돌기가 없고 가죽과 종이 같은 것을 비비면 생기는 무늬와 같은 것이 있고, 안쪽은 하얗다.

장창대가 말하기를 "산속에도 이것들이 있는데 큰 놈은 높이가 2~3척이고, 가끔 소리를 내는데 2~3리 밖에서도 들을 수 있을 정도로 큽니다. 소리를 찾아 따라가 보면 소리가 다른 곳에서 나고, 다시 따라가면 또 다른 곳에서 나서 아무도 정확히 그곳을 찾아낼 수 없었습니다."라고 했다. 내가 이 말을 듣고 찾아보았으나 찾을 수 없었다. 지금 군대에서 나팔로 쓰는 취라가 바로 이것이다.

▶청이 살펴보건대,《도경본초》*에 "'사미라'는 베틀에서 베를 짤 때 쓰는

《도경본초》: 중국 송나라 때 소송 등이 편찬한 의학 책.

북처럼 생겼다. 스님들이 이것을 불어서 소리를 낸다."고 했다. 여기서 말하는 우각라가 바로 이것이다. 취라를 악기로 부는 것은 원래 남쪽 오랑캐 지방 사람들의 풍습인데, 우리나라는 군대에서 군사들에게 명을 내릴 때 사용한다.

예봉라 銳峯螺 댕가리 또는 갯비틀이고둥

크기가 7~8분* 정도로 작다. 꼬리의 봉우리는 뾰족하게 솟았고, 기울어져 내려온 머리 부분은 좁고 작다. 자주색이나 회색이다.

보통 고둥 종류 중에 게가 집으로 삼는 경우가 있다. 이런 경우에 고둥 안의 게를 보면 오른쪽 다리와 집게발은 다른 게와 똑같은데 왼쪽 다리와 발은 없다. 그대로 몸통이 고둥의 꼬리로 이어져서 다닐 때 껍데기를 지고 다니고 멈출 때는 안으로 들어간다. 또 머리끝에 문이 없고 맛은 몸통은 게 맛이고 꼬리는 고둥 맛이다. 어떤 사람은 고둥의 여러 종류 중 한 무리는 이렇게 게와 고둥이 합쳐진 것이라고 하는데, 고둥의 다른 무리도 때에 따라 게와 공생할 수 있는 것으로 보아 게와 고둥이 합쳐진 특별한 무리가 있는 것은 아니다.

장창대는 "게가 고둥을 먹고 고둥으로 변한 뒤 껍질 안에 들어가 살면 고둥의 기운이 없어지기 때문에 마르고 상한 껍데기를 지고 다니는 놈들이 있습니다. 만약 원래부터 껍데기에서 살던 놈이라면 자기 몸이 죽지도 않았는데 껍데기가 그렇게 마르고 상했을 리가 없을 것입니다."라고 했다. 그 말도 일리가 있지만 꼭 믿을 만하지는 않아서 아직 의심나는 내용을 여기 적어 둔다.

▶청이 살펴보건대, 게라는 종류는 원래 다른 바다 생물에 빌붙어 사는 경

분 : 길이의 단위. 10분이 1촌에 해당한다.

우가 많다. 조개의 배 속에서 살기도 한다. 그래서 이시진은 "'이노'라는 생물은 다른 말로 조개 속에 이미 사는 게라는 뜻으로 '기거해'라고 한다."는 말을 했다. 게 중에는 '쇄길'이라는 생물의 배 속에 사는 놈도 있는데, 곽박의 《강부》에서는 이것을 쇄길의 배 속에 사는 게라는 뜻으로 '쇄길복해'라고 했다. 이것에 대한 자세한 설명이 《송릉집》*이라는 책에 나오는데 "쇄길은 조개와 비슷하고 배 속에 사는 작은 게가 쇄길을 위해 먹이를 구해다 준다. 게가 오지 않으면 쇄길은 죽기 때문에 쇄길을 게의 노예란 뜻으로 '해노'라고 부른다."고 했다. 《한서》*의 지리에 관한 대목에 안사고*가 "길이라는 것은 조개인데 길이가 1촌이고 너비는 2분 정도 된다. 작은 게 한 마리가 그 속에 산다."고 했는데 쇄길을 가리킨다. 쇄길은 바다의 거울이라는 뜻으로 '해경'이라고도 한다. 《영표록이》에서는 "해경은 두 판이 합쳐져 하나를 이루는데, 껍데기가 둥글고 속은 반들반들하며, 살이 약간 있다. 배 속에는 붉은 새끼 게가 있는데 메주콩만큼 작지만 집게발까지 모두 갖췄다. 해경이 먹을 때가 되면 게가 나가서 먹이를 구해 온다. 게가 배가 불러서 배 속으로 돌아오면 해경도 배불리 먹는다."고 했다. 《본초강목》에서는 "해경은 다른 말로 경어, 쇄길, 고약반이라고 한다. 껍데기가 거울처럼 둥글어서 햇빛을 받으면 반짝이는 돌인 운모처럼 빛난다. 속에는 빌붙어 사는 게가 있다."고 했다. 《박물지》에는 "남해에 바다 벌레가 있는데 이름이 '괴'다. 조개의 한 종류로 그 안에 작은 게가 사는데,

《송릉집》: 중국 당나라 때 시인 육구몽과 피일휴가 주고받은 시문집.
《한서》: 중국 전한의 역사책.
안사고: 중국 당나라 때 학자. 《한서》에 주석을 달았다.

느릅나무 꼬투리만 한 크기다. 괴가 껍데기를 열고 나와 먹이를 잡아먹으면 게도 나서서 먹이를 먹고, 괴가 껍데기를 닫으면 게도 다시 들어온다. 이때 게는 괴를 위해 먹이를 잡아 가지고 돌아온다."고 되어 있다. 이것도 해경인 듯하다. 고둥이라는 놈 중 간혹 껍데기를 벗어 놓았다가 다시 돌아오는 놈이 있다. 《습유기》에서 "함명이라는 나라에 '나보'라는 큰 고둥이 있었는데 그 껍데기를 지고 다니다가 추워지면 껍데기 안으로 들어간다."는 말이 나오는데 바로 이런 종류다. 《이원》에서는 "'앵무'라는 것은 새와 생김새가 비슷한데 껍데기를 벗고 밖으로 다닌다. 아침에 비워 놓고 나가면 거미 같은 벌레들이 껍데기로 들어오고, 저녁에 앵무가 돌아오면 이 벌레들이 나간다. 유천이 했던 '앵무는 안에서 노닐고 기거해는 껍데기를 진다.'는 말이 맞다."라고 했다. 《본초습유》에서는 "기거충은 고둥 껍데기 안에 살지만 고둥은 아니다. 고둥이나 조개가 열리고 닫힐 때가 있는데 열리면 나가서 먹이를 잡고, 닫히려면 얼른 안으로 돌아온다. 바다 생물이 원래 많이 빌붙는다. 남해에는 거미와 비슷한 것이 있는데 고둥 껍데기 안으로 들어가 그것을 지고 도망친다. 건드리면 바로 움츠러들었다가 불에 구우면 나온다. '정'이라고 부른다."고 했다. 정은 곧 고둥의 텅 빈방을 뜻하는 것이니, 원래 텅 비어 있어서 바다 생물이 많이 빌붙어 사는 것임을 알 수 있다. 원래 게는 다른 생물에 잘 빌붙는 성질이 있고, 고둥은 숨어 살기 좋으니 이치상으로 맞는 말이다. 다만 게 몸통에 고둥의 꼬리가 있는 것은 예외라고 보아야 할 것이다.

율구합 栗毬蛤 성게

율구합(보라성게), 승률구(말똥성게)가 있다.

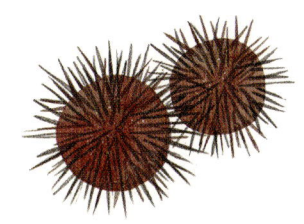

율구합   보라성게

속명도 율구합이다. 큰 놈은 지름이 3~4촌 정도다. 고슴도치와 같은 털이 껍데기에 붙어 있고, 껍데기는 밤의 겉껍질과 같다. 껍데기로 둘러싸인 방에는 다섯 개의 판이 둥근 모양을 이루고 있다. 다닐 때는 온몸의 털을 모두 움직이는데 털이 흔들리면서 꿈틀댄다. 정수리 쪽에 입이 있는데 손가락이 들어갈 정도의 크기다. 방 가운데에 쇠기름처럼 생긴 알이 있는데 누런색이고 서로 엉기지 않고 떨어져 있다. 또 판 사이사이에 털이 나 있고 검은색이다. 껍데기는 무르고 연해서 쉽게 부서진다. 맛은 달다. 회로 그냥 먹거나 국을 끓여 먹는다.

귀배충 龜背蟲

귀배충   딱지조개

속명은 굼법이다. 생긴 것은 거북의 등딱지와 비슷하고 색깔도 닮았다. 단 등딱지가 딱딱한 가죽이 아니라 비늘로 되어 있다. 거머리만 한 크기에 발이 없어 복어(전복)처럼 배로 밀고 다닌다. 돌 틈에 사는 것이 있는데 쇠똥구리처럼 작다. 삶아서 비늘을 벗기고 먹는다.

풍엽어 楓葉魚 불가사리

풍엽어 별불가사리

속명은 개부전이다. 큰 놈은 지름이 1척 정도다. 껍질이 유자 껍질처럼 생겼다. 뿔 개수는 일정하지 않아 세 개 혹은 네 개인 것도 있고 더러는 단풍잎처럼 여섯, 일곱 개인 것도 있다. 두께는 사람 손바닥만 하다. 색은 새파란데 굉장히 선명하다. 가운데에 붉은 실무늬가 선명하게 나 있다. 배는 누렇고 입이 그 한가운데에 있다. 뿔 끝에는 문어 빨판과 같은 자잘한 좁쌀 모양의 빨판이 있는데 이것으로 바위에 들러붙는다. 배 속은 내장이 없어 호박의 속과 비슷하다.

바위에 잘 달라붙는데 한 개의 뿔만 바위에 붙이고 몸을 뒤집은 채 늘어뜨릴 때가 있다. 이런 날은 비가 내릴 것이 분명해 보이는데 실제로는 내리지 않는 날이다. 바닷가 사람들은 이것으로 비가 올지 안 올지 예측한다. 풍엽어를 어디에 쓰는지는 아직 듣지 못했다. 뿔이 셋인 놈은 물 바닥을 떠나지 않고 거기서만 산다. 지름이 3~4척 정도나 된다. 뿔이 길고 몸통은 매우 작다. 등은 두꺼비 등과 비슷해서 콩알같이 둥근 것이 넓게 퍼져 있다. 짙은 누런색과 짙은 검정색이 서로 섞여 무늬를 이루고 있다.

▶청이 살펴보건대, 이것을 '해연'이라고 한다. 《본초강목》에는 '해연'을 조개를 설명하는 항목에 실어 놓았다. 이시진은 "납작한 모양에 몸통이 둥그스름하다. 등 위로는 검푸르고, 배 아래는 하얗고 버섯 무늬가 있으며 말랑말랑하다. 입이 배 아래에 있고, 입 주위로 다섯 개의 똑바로 선 갈고리가 있는데 이것이 발이다. 《임해수토기》에는 '양수족은 바다에서 난다. 색이 검푸르며, 발이 다섯 개고, 머리와 꼬리는 구분할 수 없다.'고 실려 있다."고 했다.

3권
기타 여러 가지 바다 생물들

해충海蟲 바다 벌레

해조(어리모래무지벌레), 선두충(갯강구), 해인(갯지렁이), 해추제(배좀벌레조개) 등이 있다.

선두충蟬頭蟲 갯강구

속명은 개강귀다. 길이는 2촌 정도다. 머리와 눈이 매미를 닮았고, 긴 수염이 두 개 있다. 등껍질이 새우와 비슷하고 꼬리가 갈라져 있다. 갈라진 꼬리는 다시 또 갈라져 있고, 다리는 총 여덟 개다. 매미의 입을 보면 갓끈처럼 생긴 것이 두 개 나와 있는데 이와 비슷한 것이 선두충의 배에도 나와 있다. 이것으로 알을 품는다.

달릴 수도 있고 헤엄칠 수도 있어 물과 땅 어디에서든 빠르게 움직인다. 연한 검정색에 윤기가 흐른다. 늘 갯벌의 돌 틈에 있다가 큰 바람이 불 것 같으면 사방으로 흩어져 돌아다닌다. 바닷가 사람들은 이것을 보고 바람이 불 것을 예측한다.

해금 海禽 바닷새

노자(가마우지), 수조, 해구(갈매기), 작연(바다쇠오리), 합작(바다오리류) 등이 있다.

노자 鸕鶿 가마우지

속명은 오지다. 기러기만 한 크기에 까마귀와 색이 비슷하다. 털이 촘촘하게 나 있고 짧다. 머리, 꼬리, 다리가 모두 까마귀와 같다. 뺨에 닭처럼 흰 털이 둥그스름하게 수북이 나 있다. 윗부리는 길고 끝이 굽었고 송곳처럼 날카롭다. 물고기를 잡으면, 잡은 물고기의 살을 윗부리로 뚫어 잡는다. 이빨은 칼과 같고, 발은 오리의 발처럼 생겼으며 물속에 들어가 물고기를 잡을 때는 한동안 숨을 참을 수 있다. 힘까지 세서 가히 물고기를 잡는 매라고 말할 수 있겠다. 밤에는 절벽에서 잠을 자고, 알을 품을 때는 사람의 발길이 닿을 수 없는 곳에서 품는다. 살코기 맛은 좋은데 약간 누린내가 나고, 온몸에 기름이 많다.

　작은 놈은 머리가 더 작고 부리가 더 뾰족하다. 뺨에 흰 털이 없으며 물고기를 잡을 때 사나운 기세가 큰 놈보다 덜하다.

　▶청이 살펴보건대, 《이아》의 새 해설 편에서 "'자'는 '일'이다."라고 했다. 여기에 대해 곽박이 설명하기를 "자는 노자를 말한다."고 했다. 《정자통》에서 "보통 사람들은 '자노'라고 부른다."고 했고, 《본초강목》에서는 이것을 '수노아'라고 했는데. 자세히 말하면 "백로와 비슷하지만 더 작고, 갈까마귀처럼 검고,

긴 부리가 약간 휘어 있어서 물속에 들어가 물고기를 잘 잡는다. 두보의 시에 '집집마다 오귀를 기르네.'라는 말이 나오는데, 이 오귀가 노자를 말한다."고 했다. 노자의 똥을 '촉수화'라고 부른다는 말도 덧붙였다. 어떤 사람은 노자가 알에서 나는 것이 아니라 배에서 바로 병아리를 낳는다고 했는데, 구종석이 오지는 알을 낳는다고 분명히 밝혔다. 《본초강목》에 이 모든 것이 나온다. 여기서 말한 오지가 노자를 가리키는 것이 분명하다.

해수海獸 바다짐승

올눌수膃肭獸 잔점박이물범

속명은 옥복수다. 개와 닮았는데 몸집은 더 크다. 털이 짧고 뻣뻣하며 검푸른 색과 누르뎅뎅한 색이 점점이 무늬를 이루고 있다. 눈은 고양이와 비슷하고 꼬리는 나귀를 닮았으며 다리는 개를 닮았고 발가락이 붙어 있는 것은 오리와 같다. 그리고 발톱이 날카로운 것은 매와 비슷하다. 물 밖으로 나오면 발가락을 펼 수 없으니 걷는 것이 불가능하다. 그래서 다닐 때는 누워서 꾸무럭대며 기어 다녀야 한다. 평상시에는 물속에 있다가 잠잘 때는 꼭 해안가에 나와 누워야 한다. 그래서 사냥꾼들은 올눌수가 잠자는 틈을 타서 잡는다. 수컷의 생식기는 남자에게 좋고, 가죽은 신발, 안장, 주머니 등을 만들 수 있다.

▶청이 살펴보건대, 동식물 약학 책에서 올눌은 다른 말로 '골놀'이라고 하거나, '해구'라고 하고 생식기는 '해구신'이라고 부른다. 구종석은 "올눌은 생김새로는 개도 아니고 짐승도 아니며 물고기도 아니다. 앞발은 짐승과 닮았는

데 꼬리는 물고기다. 엎드렸을 때 옆구리 아래와 배가 모두 흰색이다. 몸통에는 연하고 희푸른 털이 빽빽하게 나 있는데 길이는 짧다. 털 위로 진한 검푸른 점이 나 있다. 가죽이 쇠가죽처럼 두텁고 질겨서 국경을 지키는 장수들이 가져다가 말안장이나 방석으로 만들어 쓴다."고 했는데 올눌수를 가리키는 말이다. 우리나라에서는 올눌수를 해표라고 부르는데, 그 가죽에 표범 가죽과 같은 얼룩무늬가 있기 때문이다. 견권*은 "올눌제는 신라의 바다에 사는 물개의 생식기를 말한다."고 했다.《당서》의 신라에 관한 이야기 편에는 "당나라 현종 시대에 신라에서 과하마*, 어아주*, 해표 가죽을 바쳤다."고 쓰여 있다.《삼국사기》*의 신라 역사에도 위의 문구가 적혀 있다. 고황의〈송종형사신라시〉에는 신라에 대해 시를 쓰면서 '물범은 물결을 들이마시고'라는 시구가 있다. 이는 신라에 올눌수가 있었다는 것을 말해 준다. 그런데도 우리나라 사람들은 올눌수를 물소라고 부르니 이것은 잘못이다.

견권 : 중국 당나라 때 유명한 의사로《맥경》등을 지었다.
과하마 : 고구려, 동예 등 한반도에서 나는 키가 몹시 작은 말. 과일나무 아래를 지날 수 있는 말이라는 뜻이다.
어아주 : 삼국 시대 때의 고급 비단.
《삼국사기》 : 고려 때 김부식이 펴낸 역사책으로 신라, 고구려, 백제 세 나라의 역사를 기전체로 적었다. 기전체는 역사적인 인물들의 일생 동안의 행적을 적어 엮음으로써 한 시대의 역사를 구성하는 서술 방법이다.

해초 海草　바다풀

해조(모자반), 해대(미역), 가해대(쇠미역 또는 넓미역), 흑대초, 적발초(개지누아리), 지종(지충이), 토의채(톳), 해태(파래), 해추태(갈파래), 맥태, 상사태(가시파래 또는 납작파래), 갱태(홑파래), 매산태(매생이), 신경태, 적태, 저태(잎파래), 감태(가시파래), 자채(김), 엽자채, 가자채(방사무늬돌김), 세자채, 조자채, 취자채, 석기생(뜸부기), 종가채(불등풀가사리), 섬가채(풀가사리), 조족초(새발), 해동초(우뭇가사리), 만모초, 가해동초(개우무), 녹조대(거머리말), 단록대(애기거머리말), 석조대(개바다말), 청각채(청각), 가산호(뿔산호류) 등이 있다.

해조 海藻　모자반

속명은 말이다. 길이가 20~30척 정도에, 젓가락 정도의 굵기다. 줄기에서 가지가 나오고, 가지에서 곁가지가 나오며, 곁가지에서 수많은 잔가지들이 나온다. 잔가지 끝에서 잎이 나오는데 1천 가닥, 1만 가닥으로 늘어져 하늘거리고 약하다. 뿌리째 뽑아 거꾸로 매달면 마치 하늘거리는 천 가닥의 버드나무와 비슷해 보인다. 밀물이 밀려오면 파도를 따라 움직이는데 그 모습이 꼭 술에 취해 춤을 추는 것 같다. 썰물 때 물이 빠지면 쓰러져서 널브러지는 데다 새까맣기까지 해서 지저분해 보인다.

　해조에는 세 가지 종류가 있다. 가지 끝에 속이 빈 부분이 밀알만 한 종을 '기름조'라고 하고, 속이 빈 부분이 녹두알만 한 종을 '고동조'라고 한다. 이 두 종류는 데쳐 먹을 수 있고, 국으로도 끓여 먹는다. 줄기가 더 억세고 잎이 더 크며, 자줏빛을 띠고 가지 끝에 속이 빈 부분이 메주콩만 한 종류를 '대양조'라고 하는데 이것은 먹을 수 없다. 10월에 묵은 뿌리에서 자라나 6~7월에 시든다. 시들면 뽑아서 말린 뒤 보리밭에 거름으로 준다. 해조는 성질이 모두 차가워서 깔개로 쓰면 오래 있어도 계속 차가움이 가시지 않는다.

보통 해초류는 바위에 뿌리를 박는데 이때 층을 이루어 뿌리를 두기 때문에 서로 섞이지 않는다. 밀물이 빠지고 나면 줄을 이루어 죽 늘어선 것이 보인다. 그중에서 해조는 제일 아래쪽에 뿌리를 두고 있다.

▶청이 살펴보건대, 동식물 약학 책에서 해조는 다른 말로 담, 낙수, 해라 등으로 불린다. 도홍경은 "헝클어진 머리털 같고 검은색이다."라고 했고, 손

사막은 "보통 세상의 물건 중 지극히 차가운 성질을 가진 것으로 해조보다 더한 것은 없다."고 했다. 진장기는 "잎이 큰 해조는 깊은 바닷속과 신라에서 서식하는데, 잎이 수조*처럼 생겼지만 그보다는 크다. 바닷가 사람들은 허리를 끈으로 묶고 물속에 들어가 해조를 캔다. 5월 이후에는 큰 물고기가 사람을

수조 : 물속에서 자라는 마름이라는 이름의 한해살이풀.

해치기 때문에 해조를 캘 수 없다."고 했다. 여기서 잎이 큰 해조가 바로 우리나라에서 나는 것이다. 하지만 지금은 그런 것이 있다는 말을 들어 본 적이 없다.

해대海帶 미역

속명은 감곽이다. 길이는 10척 정도다. 뿌리 하나에서 잎이 나오는데, 그 뿌리 속에 줄기가 하나 서고 그 줄기에서 날개 두 개가 나온다. 날개는 안쪽은 촘촘하고 바깥쪽은 성글다. 주름치마 모양의 무늬가 꼭 도장에 새기는 한자 글자체 같다. 이파리가 옥수수 잎과 비슷하다. 1~2월에 뿌리가 생기고 6~7월에 채취해서 말린다. 뿌리는 달고, 잎은 담백하다. 아기를 낳은 여성이 겪는 여러 가지 병을 치료하는 데 이만한 것이 없다. 자리 잡은 곳이 해조와 비슷하다.

▶청이 살펴보건대, 《본초강목》에서 "해대는 해조와 비슷하지만 그보다 더 거칠고, 부드럽고, 탄력이 있으면서 길다. 아기를 잘 낳도록 도와주고 부인병을 치료한다."고 했다.

사람들이 해대를 가리켜 '감곽'이라고 하는데 이는 잘못이다. 감곽이 임산부에 좋다고 알려져 있는데, 보통 책에 해대가 "아기 낳는 것을 돕고 부인의 병을 치료한다"고 쓰여 있어서 같은 것이라고 착각하는 것이다. 동식물 약학책에서는 "해대는 해조(모자반)와 비슷하지만 더 거칠고 탄력이 있어 말린 다

해대와 감곽 : 정약전이 해대를 감곽으로 잘못 생각하고 속명을 감곽이라 붙인 것이다. 이청이 이것을 짚어 내서 보통 해대를 감곽이라고 오해하는데 해대가 임산부에게 좋다는 것에 근거해서 감곽도 임산부에게 좋으니 같은 것으로 착각한다고 하고 있다.

음 살림살이 물건들을 묶는 데 사용한다."고 했다. 물건을 묶을 정도면 해대는 아주 질긴 것인데 쉽게 끊어지는 감곽과 같은 것일 리가 없다. 물건을 묶는 것으로 다사마(다시마)라고 부르는 것이 있는데 모양이 띠 모양이다. 해대의 '대'가 띠를 가리키기 때문에 혼동한다면 다사마와 혼동할 텐데도 이 둘은 혼동하지 않는데 왜 감곽과 혼동하는지 모르겠다. 동식물 약학 책에서는 감곽을 따로 부르는 것이 없다. '곤포'가 있는데 성질이나 맛, 생김새가 감곽과 비슷한 것 같은데 이것도 확실한 증거는 없다.

연보

1758년	지금의 경기도 남양주시 조안면 능내리에서 아버지 정재원과 어머니 해남 윤씨의 4남 1녀 가운데 2남으로 태어나다.
1762년	동생 정약용이 태어나다.
1776년	정약용과 한성으로 올라가 살며 이익의 학문을 이어받아 권철신에게 가르침을 받는 문하생으로 들어가다.
1783년	과거 시험에 합격해 진사가 되다.
1784년	이벽을 따라다니며 《천주실의》 등의 책을 보고 천주교를 믿게 되다.
1790년	과거에 급제하여 규장각 초계문신(과거 합격자 중 젊고 유망한 합격자를 규장각에서 다시 교육하는 관리 제도)을 지내다.
1797년	병조 좌랑에 오르다.
1798년	왕명을 받아 채홍원, 이유수 등의 문신들과 함께 《영남인물고》를 편찬하다.
1801년 2월	신유박해로 정약전은 신지도, 정약용은 장기로 유배되다.
1801년 9월	황사영 백서 사건이 발생해 한성으로 다시 압송되다.
1801년 11월	정약전은 흑산도, 정약용은 강진으로 유배되다. 우이도에 정착하다.

1804년	국가의 임업 정책을 비판한 《송정사의》를 저술하다.
1806년경(추정)	홍어 장수 문순득의 표류 이야기를 듣고 《표해시말》을 기록하다.
1806년 또는 1807년	우이도에서 흑산도로 거처를 옮기다. 글을 가르치는 사촌서실을 세우다.
1814년	《자산어보》를 완성하다. 정약용이 귀양에서 풀려난다는 소식을 듣고 우이도로 돌아오다.
1816년 6월 6일	우이도에서 세상을 떠나다.
1818년	정약용이 유배에서 풀려나 정약전의 기록을 수집한 후, 제자 이청의 설명을 붙여 《자산어보》를 책으로 엮다.